# 互联网+大金融

## 新常态下的互联网金融革命

纪海 蔡余杰◎著

当代世界出版社

## 图书在版编目（CIP）数据

互联网＋大金融：新常态下的互联网金融革命 / 纪海，蔡余杰著． — 北京：当代世界出版社，2016.1
ISBN 978-7-5090-1059-4

Ⅰ．①互… Ⅱ．①纪… ②蔡… Ⅲ．①互联网络－应用－金融－研究 Ⅳ．① F830.49

中国版本图书馆 CIP 数据核字（2015）第 288652 号

| | |
|---|---|
| 书　　名： | 互联网＋大金融：新常态下的互联网金融革命 |
| 出版发行： | 当代世界出版社 |
| 地　　址： | 北京市复兴路 4 号（100860） |
| 网　　址： | http://www.worldpress.com.cn |
| 编务电话： | （010）83907332 |
| 发行电话： | （010）83908409 |
| | （010）83908455 |
| | （010）83908377 |
| | （010）83908423（邮购） |
| | （010）83908410（传真） |
| 经　　销： | 全国新华书店 |
| 印　　刷： | 北京毅峰迅捷印刷有限公司 |
| 开　　本： | 710 毫米 ×1000 毫米　1/16 |
| 印　　张： | 18.25 |
| 字　　数： | 230 千字 |
| 版　　次： | 2016 年 2 月第 1 版 |
| 印　　次： | 2016 年 2 月第 1 次 |
| 书　　号： | ISBN 978-7-5090-1059-4 |
| 定　　价： | 42.00 元 |

如发现印装质量问题，请与承印厂联系调换。
版权所有，翻印必究；未经许可，不得转载！

# 前言

在这个高度信息化的时代，任何新生事物都有可能被广泛传播为大众所熟知。几年前，"互联网金融"还是"天方夜谭"一般的概念，而随着支付宝、余额宝等产品的兴起，互联网金融的浪潮汹涌而来，一个规模达万亿级别的新兴市场已然蓬勃兴起。

实际上，从2013年开始，与互联网金融相关的领域就已成为创业者和投资人竞相追逐的热点。互联网金融展现出快捷、高效、极致等优势，因而获得快速发展。

根据相关统计数据，截至2014年底，中国互联网金融的规模已经超过了10万亿元，其中，第三方支付市场的规模高达9.22万亿元，超过了同期银行支付市场的规模，被广泛应用于以电商为代表的网络平台。而截至2015年6月底，我国P2P平台的数量已经超过2000家，市场规模也达到了1000亿元；不仅如此，尚处于发展起步阶段的众筹平台的数量也接近200家，市场规模达到了100亿元。

在获得良好发展的形势下，互联网金融也得到政策层面的监管和支持。在2015年审议通过的《政府工作报告》中，"互联网金融异军突起""制定'互联网+'行动计划""促进互联网金融健康发展"等表述被一一提出。可以说，我国的互联网金融行业已经迎来发展的大好时机。

有关互联网金融的具体概念和涵盖的范围，业内一般认为依托于互联网实现的金融活动都可以称为互联网金融，而官方给出的互联网金融定义则是：传统金融机构与互联网企业利用互联网技术和信息通信技术实现资金融通、支付、投资和信息中介服务的新型金融业务模式。

从上述定义我们不难看出，将互联网与金融相结合，能够使金融行业更加快捷、高效、低成本的运作，更能够惠及大众。

目前，我国互联网金融的表现形式主要有以下几种：

★ P2P 网贷：即通过第三方平台的个人对个人的直接贷款。依据划分角度的不同可以细分为无担保模式和有担保模式、纯线上模式和线上线下相结合模式、纯平台模式和债权转让模式。

★ 众筹：即项目发起人利用互联网平台向公众展示自己的创意，并获得资金支持的模式。虽然众筹在国内尚处于起步阶段，但已经取得了不错的成绩。以天使汇为例，截至 2015 年 7 月，已有 397 个项目在该平台筹集到了总计 40 亿元的融资额。

★ 第三方支付：即具备一定实力和信誉保障的第三方独立机构，通过与银行签约的方式在银行与用户之间建立支付连接的模式。目前国内最具代表性的第三方支付平台是支付宝和财付通。

★ 直销银行：即互联网时代一种新型的银行运作模式，在这种模式中，银行不设网点、不发放实体银行卡，用户办理任何相关业务都可以通过互联网直接进行。

★ 网络货币：即以比特币为代表的各种数字货币，存储在计算机系统中，并以电子信息传送形式实现其功能。

长期以来，以银行为代表的传统金融机构在中国的金融系统中占据着绝对优势地位，当然在发展的过程中也存在诸多弊病。而互联网金融的浪潮，不仅使得众多新兴金融机构拔地而起，也使得传统金融机构面临着巨大的冲击，为应对时代变化，不得不改变自己的业务模式。

正如 2008 年时任阿里巴巴首席执行官的马云在"第七届中国企业领袖

年会"上那句著名的话"如果银行不改变,我们就改变银行",互联网金融成为"银行门口的野蛮人"。

如今,正蓬勃发展的互联网金融的角色已经发生转变,从金融体系的补充者和完善者变成正式的参与者和强有力的竞争者,在未来必将会获得更多发展和融合的机会。

本书最大的特色在于从"大金融"的理念出发,不仅对众筹、P2P网贷等互联网金融的形式进行了详细阐述,而且从移动互联网金融、大数据与金融的融合、传统银行的转型和变革等时代发展角度讲述互联网金融的发展趋势,洞察极具价值的商业模式;另外,书中还涵盖了互联网金融与房地产、保险、养老等领域的跨界融合新模式。在去粗取精的基础上最大限度地达到兼收并蓄,以给相关的创业者、从业者和行业监管者提供参考借鉴。

# 第1章 互联网+大金融："互联网+"时代的金融新生态

## 1.1 新常态下重新审视"互联网+大金融" ……… 003
### 1.1.1 为什么中国的金融业需要被改变？ ……… 003
### 1.1.2 为什么互联网技术可以改变金融？ ……… 004
### 1.1.3 如何正确理解"互联网+大金融"？ ……… 009

## 1.2 "互联网+大金融"的五大发展趋势 ……… 013
### 1.2.1 互联网金融的跨界与融合 ……… 014
### 1.2.2 金融、电商、大数据"三流合一" ……… 015
### 1.2.3 移动金融产品的技术突破 ……… 016
### 1.2.4 金融服务社交化、微信化 ……… 019
### 1.2.5 直销银行强势崛起 ……… 022

## 1.3 BAT三巨头的互联网金融布局 ……… 025
### 1.3.1 百度：积极布局PC+移动端入口优势 ……… 025
### 1.3.2 阿里巴巴：从服务企业到个人，数据是核心资产 ……… 029
### 1.3.3 腾讯："广撒网多捞鱼"战略 ……… 032

## 1.4 互联网金融的跨界场景变革 ……… 035

## 1.5 互联网金融正在颠覆的十大传统行业 ……… 039

# 第 2 章 互联网金融 +："互联网 + 大金融"新商业模式探索

## 2.1 "互联网金融 +"时代的商业逻辑 … 051

## 2.2 互联网金融 + 众筹 … 056
### 2.2.1 众筹的特点、起源及发展 … 056
### 2.2.2 国内众筹模式的四种类型 … 060
### 2.2.3 众筹模式的发展机遇和挑战 … 061

## 2.3 互联网金融 +P2P 网贷 … 065
### 2.3.1 P2P 网贷的六大商业模式 … 066
### 2.3.2 《指导意见》的出台对 P2P 网贷的影响 … 069

## 2.4 互联网金融 + 房地产 … 071
### 2.4.1 "互联网金融 + 房地产"的五种模式 … 071
### 2.4.2 "互联网金融 + 房地产"的价值 … 074

## 2.5 商业案例：UPS 的物流金融模式 … 077
### 2.5.1 UPS 物流金融模式的发展 … 077
### 2.5.2 UPS 物流金融体系及优势 … 080

# 第 3 章 变局 VS 重生：传统银行的金融转型

## 3.1 传统银行业的发展现状、挑战及转型 … 087
### 3.1.1 银行业的发展现状 … 087
### 3.1.2 银行业遭遇的挑战 … 088
### 3.1.3 传统银行的互联网金融转型 … 090

3.2 网络银行的颠覆：互联网金融新模式 ·········· 091
   3.2.1 浙江网商银行：颠覆传统银行模式 ·········· 091
   3.2.2 网上银行的优势 ·········· 093

3.3 传统银行的反击：线上直销+线下社区 ·········· 096
   3.3.1 互联网金融对传统银行的威胁 ·········· 096
   3.3.2 传统银行如何应对互联网金融大潮？ ·········· 097

3.4 传统银行的移动金融布局 ·········· 101
   3.4.1 移动金融发展的宏观环境 ·········· 101
   3.4.2 国内银行业移动金融服务现状 ·········· 102
   3.4.3 国外银行移动金融服务创新 ·········· 106
   3.4.4 邮储银行的移动金融服务 ·········· 108
   3.4.5 传统银行如何抢滩移动金融？ ·········· 110

3.5 消费者应如何选择互联网理财产品？ ·········· 116

# 第4章 移动金融：开启移动互联网金融时代

4.1 移动互联网金融概述 ·········· 121
   4.1.1 移动互联网金融的定义 ·········· 121
   4.1.2 移动互联网金融的特点 ·········· 123
   4.1.3 移动互联网金融的发展前景 ·········· 125

4.2 移动互联网金融发展的七大趋势 ·········· 126

4.3 移动互联网金融的六大商业模式 ·········· 130

4.4 移动互联网金融的场景应用 ·········· 135

## 第 5 章　互联网金融 + 养老健康：打造养老产业新模式

### 5.1 "互联网 + 金融 + 大养老"全生态产业链商业模式 …… 141
#### 5.1.1 大养老：互联网金融与养老产业的融合 …… 141
#### 5.1.2 "互联网 + 大养老"的生态模式 …… 142

### 5.2 右择基金：互联网 + 金融 + 养老，打造养老产业新模式 …… 146

### 5.3 朗玛信息：大金融 + 大数据 + 大健康，互联网医疗新玩法 …… 149

### 5.4 我国社区养老服务的现状及发展 …… 155
#### 5.4.1 我国社区养老服务概述 …… 155
#### 5.4.2 我国社区养老的现状及问题 …… 157
#### 5.4.3 推行社区养老服务的必要性 …… 158
#### 5.4.4 推行社区养老服务的意义 …… 159
#### 5.4.5 我国社区养老服务的发展思路 …… 161

### 5.5 美国社区养老模式的启示与借鉴 …… 163
#### 5.5.1 美国社区养老的四种模式 …… 163
#### 5.5.2 美国养老社区的四种类型 …… 165
#### 5.5.3 我国社区养老的三种模式 …… 167

## 第 6 章　大数据 + 金融：大数据时代的互联网金融

### 6.1 机遇 VS 挑战：大数据时代的金融业 …… 171
#### 6.1.1 机遇：推动金融产业转型升级 …… 172
#### 6.1.2 挑战：颠覆传统金融产业格局 …… 174
#### 6.1.3 融合："大数据 + 金融"的应用 …… 175

## 6.2 大数据金融的演变与进化 ················ 181
### 6.2.1 大数据金融1.0时代 ················ 181
### 6.2.2 大数据金融2.0时代 ················ 182

## 6.3 大数据在金融行业的渗透与应用 ················ 185
### 6.3.1 大数据在金融行业的投资分布 ················ 185
### 6.3.2 大数据在银行领域的应用 ················ 186
### 6.3.3 大数据在保险领域的应用 ················ 190
### 6.3.4 大数据在证券领域的应用 ················ 193

# 第7章 互联网+保险：传统保险模式的颠覆与重构

## 7.1 "互联网+"时代，传统保险模式的变革 ················ 199
### 7.1.1 渠道之变：保险网销 ················ 199
### 7.1.2 产品之变：回归保险本质 ················ 201
### 7.1.3 行业之变：大数据时代的保险微积分 ················ 202

## 7.2 互联网如何改造传统保险业? ················ 204
### 7.2.1 商业形态的转变衍生新的保险需求 ················ 204
### 7.2.2 保险渠道的网络化、场景化 ················ 206
### 7.2.3 保险产品的简单化、数据化 ················ 210

## 7.3 "互联网+保险"生态圈 ················ 213
### 7.3.1 保险互联网化：探索"互联网+保险"新模式 ················ 213
### 7.3.2 "互联网+保险"面临的三个问题 ················ 218
### 7.3.3 "互联网+保险"模式的发展趋势 ················ 220

7.4 保险企业实现互联网转型的四个关键 ……………………… 224
    7.4.1 动力：技术进步与消费行为改变 ……………………… 224
    7.4.2 对策：改良与创新业务模式 …………………………… 226
    7.4.3 实践：整合与构建生态系统 …………………………… 230
    7.4.4 数字化转型：意识、战略与能力 ……………………… 231

# 第 8 章　互联网 + 支付：读懂移动支付，搞懂商业未来

8.1 移动支付概述 …………………………………………………… 235
    8.1.1 移动支付的含义 ………………………………………… 235
    8.1.2 移动支付的发展 ………………………………………… 238
    8.1.3 移动支付产业面临的挑战和对策 ……………………… 242

8.2 移动支付的生态战争 …………………………………………… 245
    8.2.1 群雄逐鹿移动支付 ……………………………………… 245
    8.2.2 微信支付 VS 支付宝钱包 ……………………………… 250
    8.2.3 "场景＋支付"模式 …………………………………… 255

8.3 百度钱包的支付战略 …………………………………………… 261
    8.3.1 对重点场景的把控 ……………………………………… 262
    8.3.2 内部流量的占领 ………………………………………… 262
    8.3.3 外部流量的汇集 ………………………………………… 263
    8.3.4 线下差异化推广 ………………………………………… 264
    8.3.5 支付技术创新 …………………………………………… 265

**实操案例分享：解密世界网络银行・商城的商业生态圈** …………… 267

# 第1章

## 互联网+大金融："互联网+"时代的金融新生态

## 1.1 新常态下重新审视"互联网+大金融"

### 1.1.1 为什么中国的金融业需要被改变?

"互联网+大金融"就是通过提高金融效率,丰富金融生态,让越来越多的消费者享受更高效的金融服务。

李克强总理在2015年的《政府工作报告》中首次提出"互联网+"行动计划,希望通过将移动互联网、物联网、大数据与现代制造业相结合,从而促进互联网金融、电子商务、工业互联网的健康稳定发展。

从凯文·凯利(Kevin Kelly)提出的"连接一切"到李克强总理"互联网+"行动计划,互联网与行业之间的对接已经上升了一个高度。"互联网+"行动计划的愿景让人充满期待,但是如何把"互联网+"做好,取决于对它的理解。

这里有三个问题值得我们思索:为什么中国的金融业需要被改变?为什么互联网技术可以改变金融?怎么理解"互联网+金融"?

中国金融业过去一直是垄断性最强、准入门槛最高、政府管制最严的行业之一。作为政府管制的一种形式,金融管制使多元化的定价体系与成本收益比不相符,于是,银行都不约而同地选择了以间接融资为主的数量型扩张模式,建立完善的多层次市场还需较长的一段时间。

然而,这种扩张模式难以继续下去。据全球著名管理咨询公司——麦肯锡公司统计,2015年,中国国内债务占GDP(国内生产总值)的比重已达262%。这一比值不仅是中国过去20年内的最高水平，而且在全球几十个新兴国家中也是最高的，与之相对应的是广义货币对GDP比率的高企以及银行利润的丰厚。2014年底的数据显示：中国的M2/GDP（广义货币与国内生产总值的比值）为1.9，而美国仅为0.9。

金融供给的匮乏与高债务额、高货币发行量形成鲜明的对比，多数中小企业融资服务、个人消费金融服务都不能得到满足，"融资难""融资贵"的现象已经司空见惯，而且在经济增长缓慢的时间段表现得更为突出。那么，投资者会不会因为融资贵而感到不开心？其实也不然。为个人和小型企业提供的投资理财服务体系不健全，6亿中国农民大多数甚至连融资和理财为何物都不知道。

虽然金融市场化已经在全国如火如荼地展开，但到目前为止，中国金融业仍然存在着许多亟待解决的问题：债务高、理财难、融资贵、融资难等。这些问题足以说明金融体系的资金配置效率低下。中国的人口数量和企业规模都很庞大，金融压抑为经济发展带来负面影响。金融行业成为充满痛点的行业。

### 1.1.2 为什么互联网技术可以改变金融？

首先，我们要了解金融的本质，然后才能知道互联网技术为什么可以改变金融。

金融的功能人尽皆知，最古老也是最基本的金融功能就是支付。金融机构通过匹配投融资为资金完成时间和空间的传导，在此过程中，可能会遇到流动性、金额、风险等方面的错配问题。而保险就是为了降低灾难带来的损失。

渠道、数据和技术是支撑金融底层的三大要素（见图1-1）。

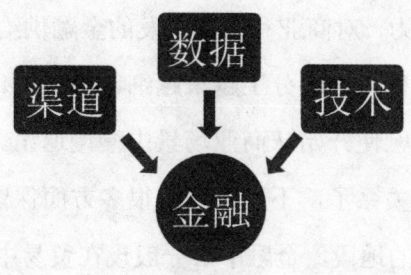

图 1-1 支撑金融底层的三大要素

**（1）支撑金融底层的第一个要素——渠道**

纵观金融发展史，我们发现金融被商业驱动又为商业服务。16世纪后半期，荷兰拥有全球最先进的航海技术，成为全球航海技术最发达的国家，那时，全球有一半的航海帆船都通过荷兰最大的城市——阿姆斯特丹港进入欧洲，当时，阿姆斯特丹是全球当之无愧的贸易中心。

有了贸易必然会有结算需求，再进一步就会有融资和贷款的需求，因此，就在阿姆斯特丹港口诞生了第一家现代银行，这方便了贸易买主和卖主的结算。

另一方面，由于阿姆斯特丹汇聚了全球的贸易，变得非常繁华，人们在咖啡馆里聚集，彼此交换信息，分享财富故事，从而刺激了更多贸易公司的成立；怀揣财富梦想的人聚集此地，打探各种信息，购买新成立贸易公司的股份，交易股份和债券，由此而产生了第一家交易债券所。17世纪，荷兰成为当之无愧的国际金融贸易中心。

事实上，金融机构、金融中心的兴起与商业的繁荣息息相关。18世纪，英国发动工业革命，从而带动国际贸易的发展，随之取代荷兰，成为世界金融中心。贩盐发端的货通天下使得山西票号汇通天下，由此成为中国19世纪到20世纪初的金融之王。电商的兴起使得微博、支付宝从交易笔数来看，成为全球最大的移动支付工具。

事实告诉我们，金融机构的发展与渠道的触达能力紧密相关，即金融对商业场景的触达能力，对商业和消费引发的金融供给和需求的触达能力。

社会化大生产使得人们的分工越来越细，当集约化、规模化效率远远超过商业便利时，金融便开始从商业场景中慢慢退出。有些金融交易甚至与商业场景没有任何关系了，不过，还有很多方面保留着原来的习惯，比如银行一般设在繁华的地段，金融中心一般设在贸易中心。

在传统金融体系中，商业银行算是距离商业场景最近的机构，它拥有转账、支付、结算、理财、贷款等功能，几乎统治了全国的金融业。但是，大部分银行服务只能通过银行柜台和系统完成，不能直接与商业场景连接。

移动互联网的出现使金融与商业在技术上空前紧密的结合成为可能，为用户带去方便的同时，把成本也降至最低。用户再也不用去柜台办理业务，只要拥有智能手机，便可以随时随地进行支付、转账、查看股市行情、买卖证券等活动，就像随身带着银行和交易所一样，交易与场景的无缝对接，给用户带去切实的便利。

互联网技术将原本分离的金融与商业、社交、消费等场景联系在一起。余额宝正是凭借消费支付和利息收入的无缝对接这一优势，在短短半年之内发展成为中国最大的基金，而它并没有使货币基金金融属性做出改变。现在正在流行的发红包，这种看似与金融不沾边的社交场景也有可能成为拓展支付工具的引爆点。这些由互联网技术带来的变化都有可能让传统的金融机构大吃一惊。

有人认为，互联网是中性的，只要金融的逻辑和本质保持不变，它就不会对金融做出深刻改变。这种说法看似合情合理，其实不然。就拿战争打比方，战争的目的就是打败对手，这个逻辑亘古不变，但是，自从人们掌握了互联网技术，兵器的触达技术发生了改变，战争从冷兵器时代进入热兵器时代，打仗的方式也就彻底改变了。移动互联网技术让战争的对手随时随地都可能出现在对面，这时，再空谈逻辑和本质就变得无力了。

互联网技术通过改变金融的渠道触达能力将金融改变,这是第一个原因。金融是服务于商业和消费的,当金融的渠道触达能力发生改变,做金融的方式也随之改变,金融场景化变成了大趋势。

**(2)支撑金融底层的第二个要素——数据**

金融机构的核心竞争力,除去渠道触达能力,还包括定价、控制和风险甄别的能力,而信息或者说数据是这种能力的基础。

为了帮助读者理解数据对金融的重要性,我们从消费者信贷的发展史来看。过去数百年中,人们主要的贷款方式就是典当和担保式信贷,投资者可以对借贷者一无所知,只要有足够的抵押或担保金额,信贷就可以进行。时至今日,这种方式还在银行贷款中占据着主要的位置。而现在几乎人人都有的信用卡是无抵押、无担保的小贷,这在100年前是没有过的,它实际上颠覆了信贷模式。

那么,是什么环境促使金融创新呢?

首先,中产阶级的财富不断增加,从而对消费信贷有了更大的需求。20世纪上半叶,通用电气公司(GE)和福特都通过分期付款来促进消费,随之而产生为授信机构提供信用信息的信用局。个人信用评分体系的发展也是为了满足消费者信用化标准和授信标准的需求。在此背景下,1956年,全世界最为普遍使用的FICO(个人征信评分模型)建立了,1958年,第一张银行信用卡发行。20世纪60年代后期,信用卡开始广泛普及,VISA(维萨卡)和Mastercard(万事达卡)等广泛发行。那时,计算机技术已经广泛应用于金融机构,数据搜集和处理的成本大大降低。

消费者的信贷基础是基于数据的个人征信。金融机构通过对数据的搜集、分析和判断实现风险甄别。而传统的金融机构依靠人工获取数据,获取速度慢,数据往往不能及时更新;另外,不同的金融机构,数据与数据之间几乎是彼此独立的,整合度低导致数据使用效率低,这样一来,金融产品和体系的可依赖度和透明度就低。

而在互联网时代，通过系统获取数据，并实现实时更新。数据数字化让机构间实现数据整合和分享变得易如反掌。数据的实时连接，提高了使用效率，增强了金融产品和体系的可依赖度和透明度。

互联网技术把我们引入一个数据时代，"信息"一词被"数据""大数据"取而代之。显然，当金融机构风险甄别的方式发生改变时，金融本身也随之发生了变化。"蚂蚁小贷"就是一个鲜明的例子。蚂蚁小贷为淘宝商户发放无抵押、无担保贷款累计超过 3000 亿元。淘宝卖家常常几秒钟内就可以申请到信贷支持并获得资金。

（3）支撑金融底层的第三个要素——技术

在传统银行人们完成一笔支付需要 2 元成本，电子银行需要 2 毛多，而支付宝的支付成本只需要 2 分钱，未来还有可能低于 1 分钱。金融机构自建的封闭信息系统具有成本高、稳定性差、不易扩展等缺点。我们可以预知，在未来，大部分金融机构都会使用技术成本低、稳定性强、可以弹性扩展的云计算平台。

我们已经清晰地阐述了"互联网＋大金融"的核心逻辑，这个逻辑适用于大部分行业。虽然不同行业性质不一样，但大部分行业的核心竞争力往往都是这三要素。互联网技术恰好是这三要素的革命动力，因此"互联网＋"行动可以大幅度提高行业的劳动生产率。行业痛点越多，提高的潜力就越大。

在过去的几十年，中国的发展其实是发达国家工业革命几百年进程的一个浓缩，不管是社会大生产方式，还是企业制度、市场交换机制，中国都在模仿工业国家，很少有自己的一套模式。互联网技术革命是中国第一次与其他工业化国家几乎同时起步的一项技术革命。

这场革命为很多行业提供了捷径，那么，"互联网＋"又是如何运用互联网技术使传统行业完成从生产到经营的一场革命的呢？

### 1.1.3 如何正确理解"互联网＋大金融"？

"互联网＋金融"从字面上看就是互联网和金融相结合。但是在组织形式上，表现为三种方式（见图1-2）：第一种，互联网公司兼做金融；第二种，金融机构互联网化；第三种，互联网公司和金融机构合作。

图1-2 "互联网＋金融"的三种方式

实际上，无论是在中国还是在西方，互联网公司做金融的体量在金融总资产体量中都只占很小一部分。从逻辑上分析，尽管互联网技术带来了金融渠道、数据和技术上的革命，但这并不代表互联网公司在开发金融产品上具有绝对优势。事实上，金融机构的风险甄别能力和风控能力以及多年来取得的客户信任度和信誉度，都是互联网技术短期内无法带来的。

那么，金融机构互联网化可以实现吗？

这里有三点可以说明金融机构互联网化为什么效率低下：

第一金融机构的丰厚利润与金融行业的痛点并存。多年来，金融机构在垄断的保护下，很容易赚到钱，没有足够的动力将改善用户体验、满足用户需求这一行动进行到底。所以，仅仅依靠金融机构自身互联网化，效率肯定低下。

第二互联网企业和商业场景、消费者紧密相连，金融服务不仅在渠道和数据上有优势，而且在商业生态圈中起着重要的调节作用。

第三以客户为中心的互联网思维、灵动的组织架构、快捷的反应能力，这些都是互联网企业相对于传统金融机构所具有的优势。

另外，传统金融企业与互联网企业做金融有两大差异（见图1-3）。

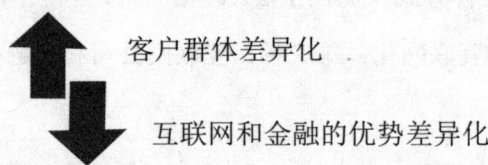

图1-3 传统金融企业与互联网企业做金融的两大差异

①客户群体差异化

如果我们把金融消费者比作一个包含三个阶层的金字塔（见图1-4），上层是高端客户，包括大型企业和富裕个人；中间一层是中层客户，包含中小企业和中产个人；底层是底层客户，包含小微企业和普通个人。越靠近底层，客户的数量就越多，单位资金量会越少，如果按照传统的服务方式，性价比也就越低。

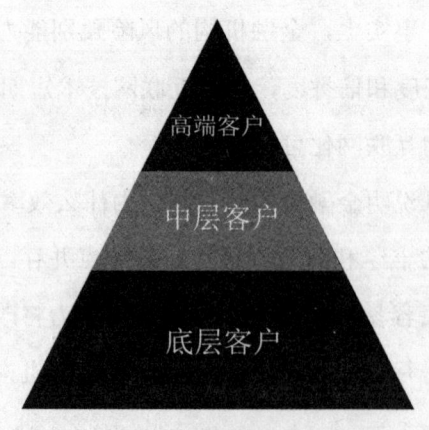

图1-4 金融消费者的三个阶层

据工信部和银监会的统计数据显示，中国将近80%的就业机会是由99%的中小企业提供的，有一半的GDP也是这些中小企业贡献的，但是他们得到的信贷只占四分之一的比例。所以，高端客户享受到了传统金融提供的个性化定制服务，中层客户享受到了标准化的产品和服务，而底层客户则没有得到相应的服务。

互联网金融在渠道触达、数据收集和分析、数据处理技术上具有成本优势，所以被传统金融企业忽视的"长尾企业"成为互联网企业的典型客户，互联网金融满足小微企业的资金需求，帮助小微企业构筑完善的金融运营模式。

余额宝把理财门槛从千元降低至1元，并且为用户提供全面的、标准化的、碎片化服务，每天通过手机提醒消费者获得多少收益。普惠金融固然也可以为社会各阶层提供相应的金融服务，但要想把它做好，不仅有技术要求，还要投入一定成本。因此，互联网金融和传统金融机构在客户群体上是互补关系而不是取代关系。

②互联网和金融的优势差异化

互联网和金融各有优势，互联网公司在互联网方面有优势，而金融恰恰相反。从各自的优势出发，互联网公司可以延伸金融产品的前端渠道，成为金融产品的销售平台，还可以为金融机构提供技术支持，处理金融机构后端的数据；而金融机构负责定价、风控、甄别风险、开发金融产品。这就形成了"互联网+"的合作方式。

"蚂蚁金服"就是以小微企业和普通消费者为主要用户，以数据、技术和服务为核心建立生态金融，为用户创造价值。

在过去的几年里，P2P、第三方支付、互联网理财和信贷等金融产品丰富了金融体系，这些金融产品在金融界起着巨大作用，推动了传统互联网的思维转型。但是传统企业仍然掌握着大型企业和高端客户的服务，尤其是繁杂的金融服务。

中国的金融业即将迎来金融市场化的洗礼，这既是机遇也是挑战。金融机构之间的竞争表现为产品、数据、技术、渠道等多方面的竞争，而互联网的加入，使得各金融机构之间的竞争更加激烈。金融机构之间的差异化竞争随着金融管制和隐性担保的退出变得越来越激烈。支撑金融底层的三要素——渠道、数据和技术也显得更加重要。互联网金融推动了普惠金融，丰富了现有的金融体系，使金融机构实现了互联网化。

互联网企业和金融机构联合起来做金融，不仅提高了整个行业的生产率，而且丰富了金融生态，提高了消费者的金融福利。这就是"互联网+金融"的魅力所在，我们期待它有一个美好前景。

## 1.2 "互联网+大金融"的五大发展趋势

大数据、云计算、网络社交平台以及搜索引擎等新技术的发展，使信息和资讯的获取越来越容易，改变了以往金融行业的信息不对称性，大大降低了金融业的交易成本和准入门槛。

另一方面，国内越来越多的互联网巨头开始涉足金融服务，尤以新浪、腾讯、百度、阿里和人人五大平台为代表。这些互联网巨头的涌入对原有的金融服务体系和模式形成冲击，也逼着各大银行纷纷进行自我革新，以实现"互联网+大金融"的转型（见图1-5）。

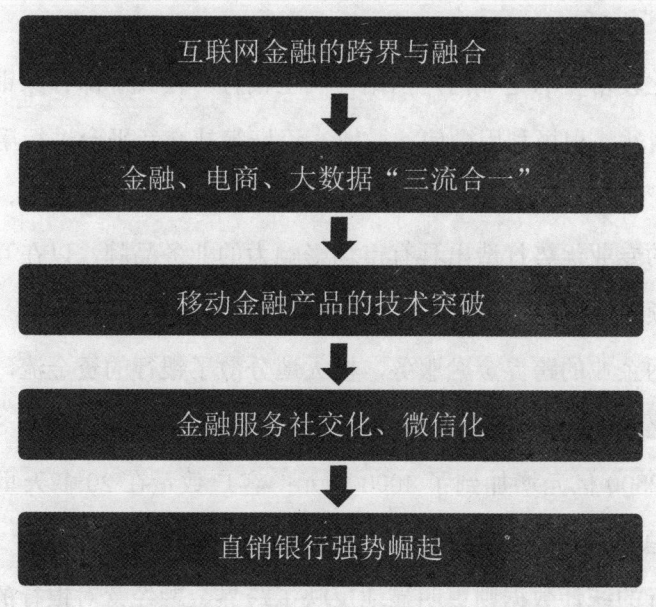

图1-5 互联网+大金融的五大趋势

## 1.2.1 互联网金融的跨界与融合

各大互联网企业在自己构建的网络平台上,提供搜索、社交、商务等服务,以此积累了海量的客户数据。而"互联网+"时代的到来,又大大降低了金融交易和服务的成本。因此,互联网企业不但纷纷开展第三方支付业务,还利用自己积累的客户数据优势,建立虚拟"企业银行",将服务延伸到了转账、理财、融资、保险等传统金融领域。

据统计,当前已有包括阿里巴巴、腾讯、网易、百度、新浪等互联网巨头在内的200多家企业获得了第三方支付牌照。这些互联网平台企业凭借自己的流量和数据优势,纷纷跨界涉足P2P、小额贷款、众筹融资等领域,对金融行业的固有格局和模式形成了巨大冲击。

"如果银行自己不改变,那我们就逼迫它改变。"马云的这句戏言似乎正变为现实。面对来势汹汹的互联网平台企业,各大银行开始采取多种创新措施,以顺应"互联网+"时代的金融市场要求。

其中比较常见的是"门户网站+网上银行"模式。即各家银行开设自己的金融网站,积极利用微信、微博、论坛等社交新平台进行用户沟通和产品营销,紧抓市场需求,不断创新业务产品,完善客户服务,凭借自身金融服务的专业优势打造出具有市场影响力的业务品牌,以在互联网金融领域处于领先地位。

互联网企业的跨界金融服务,极大地分散了银行的资金流,加速了利率的市场化进程。据统计,余额宝在2014年春节期间,仅用了30天左右,规模就从2500亿元增加到了4000亿元;客户数量在20多天里增长了约1200万,总客户超过6100万人。

而央行的统计数据则更明显地反映了跨界金融经营对银行的冲击。在2014年1月,国内存款减少了9400多亿元,与往年同期相比少增了两万多亿。究其原因，主要是不断涌现的新型互联网金融产品，分走了大量原本可以存入银行的资金。因为相比于平均只有 3.5% 年化收益的活期存款，不论是货币基金（5%）、理财产品（5%～6%），还是 P2P（8%～9%）或者信托产品（10%～13%），显然对客户都更有吸引力。

这些不断涌现的互联网金融产品，让资金拥有者不必再局限于银行存款，而是有了诸如 P2P、在线理财、保险、信托等多元化投资选择，也进一步推动了利率的市场化进程和金融市场的开放性。

面对不断流失的存款，各大银行也不甘落后，纷纷推出了"现金管理"之类的金融服务产品，以应对互联网金融的挑战。比较有代表性的产品包括工行的"天天益"、平安银行的"平安盈"、广发银行的"智能金"等等。

## 1.2.2 金融、电商、大数据"三流合一"

电子商务的发展和互联网平台的普及，加快了包括信息流、资金流、物流、商流等在内的多流融合，既减少了中间环节，降低了交易成本，也以其简单快捷的操作方式和多元化的服务，受到消费者的青睐。

比如，阿里小额贷款业务是以借款人的信用度为还款保证的。这种模式之所以可行，主要是因为阿里小贷掌握了众多企业在电商平台上的交易状况、投诉纠纷、信用记录等信息，并与阿里巴巴、淘宝、支付宝等平台的数据实现共享。利用大数据技术，阿里小贷在简化贷款程序的同时又做到了对信用风险控制的最有效。

以大数据应用为核心竞争力的电商金融，也引起了银行越来越多的关注。特别是在利率市场化使银行利差缩小的情况下，发展利差大、需求多的小微型金融业务，日益成为各大银行的新选择。但是，发展小微金融的前提是解决好成本和信用风险的控制问题，这就需要利用以信息流为基础的大数据技术。

因此,为了与其他电商平台争夺流量,获取更多的客户数据,各家银行都着手搭建了自己的电商金融平台。

工行推出了"融e购"电商平台,致力于将其打造成国内电子商务的龙头;建行推动金融服务的电商化转型,推出了以"网上商城+线上信贷"为模式的"善融商务"金融服务产品;交行则致力于电子商务价值链的构建,通过推出"生活馆""商品馆""金融馆""企业馆"等多种金融服务产品,推动电商金融在贸易、融资等领域的拓展。

电子商务的发展普及,使大数据应用成为互联网金融的核心竞争力。谁能获取更多更有价值的数据,谁就能占有市场。各大银行一般都有大量高价值的客户数据,这使它们在互联网金融领域有着先天的竞争优势。

总体看来,各家银行建构的电商平台具有投入大、规格高、起步早等特点,主要提供三个方面的金融服务:一是诸如网上充值、网上借记卡、基金理财等服务的金融产品销售;二是提供电商金融信息流、资金流、货物流"三流合一"的企业交易平台;三是为企业提供在线融资和自助贷款服务,以避免企业上下游供应链的资金断裂。

### 1.2.3 移动金融产品的技术突破

根据中国互联网络信息中心(CNNIC)发布的第36次全国互联网发展统计报告:截至2015年6月,中国的互联网普及率已经达到48.8%,网民总数为6.68亿人,其中手机网民的规模达到了5.94亿。

以智能手机、平板电脑等为上网终端的移动互联网,不论在发展速度还是发展规模上,都远远超过了桌面互联网的发展。因此,随着"移动化"

趋势对生活、商务、社交等社会各个领域的渗透和重构,以移动金融服务创新产品为代表的金融市场布局,将极大地冲击甚至取代传统互联网金融的"桌面化"布局模式。

当然,移动金融的全面布局是以相关技术的突破和完善为前提的(见图1-6)。

图1-6 移动金融涉及的三项主要技术

**(1)移动终端技术突破**

一方面,移动互联网市场伴随着移动智能终端的普及呈现出爆发式扩展;另一方面,新的智能终端产品和技术的不断更新,如iPad、iPhone等智能终端产品以及Android系统的推广应用,在大幅缩减移动渠道产品价值传递成本的同时,又极大地激发了市场的消费欲求,为互联网企业、电信运营商、银行卡组织、第三方支付机构和银行等,提供了广阔的金融市场拓展空间。

**(2)传输管道技术突破**

随着移动互联网技术,特别是Wi-Fi、Mi-fi(移动智能热点)、3G、4G等技术的发展成熟,互联网的"移动化"趋势日益明显。利用以手机为代表的可随身携带式移动网络智能终端支付,相较于传统的银行卡、网上银行等支付方式,更加快捷和人性化。

因此,金融支付服务的移动化趋势将不可逆转。特别是随着身份认证技术和数字签名技术等安全防范软件的发展，极大地增强了金融支付的风险控制能力。可以预见，随着传输管道和风险管控等技术的进一步发展，移动支付将不再局限于日常的小额支付，还将应用到企业的大额支付，甚至完全取代现金、支票等方式，实现金融支付的网络化和电子化。

### （3）云计算技术突破

云计算技术的推广应用，使大数据信息可以转移到云计算服务器上。这一技术的突破大大降低了手机对信息处理能力的要求，使移动终端有了不弱于传统PC的数据处理能力，从而有效解决了移动智能终端（手机、iPad等）在存储和计算能力方面的不足，保障了移动支付效率。

在经济新常态下，互联网金融必然会全面"移动化"，移动金融也将逐渐成为互联网金融的核心发展领域，为互联网金融带来全新的发展愿景。移动金融使随时、随地的金融服务成为可能，突破了传统互联网金融服务在时间和空间上的局限，极大提升了客户的消费体验。

移动金融真正实现了"一机在手，业务都有"的目标，即所有的互联网金融业务逐渐都能够在移动智能终端上进行办理。不论是传统的网上银行、电话银行服务，还是新兴的短信银行等服务，客户都可以在一个小小的智能终端上体验到。这种金融服务的融合也将推动着相关主体（银行、跨界电商平台等）不断创新产品和服务，优化客户体验。

一方面，移动智能终端的便携性增加了客户进行金融服务体验的频次、时间和机会；另一方面，当前移动智能终端的技术设置，放大了人们的思维和行为惯性，让用户习惯性地选择最初的金融服务提供者。因此，移动金融的全面布局会带来大量的高黏度客户，让银行等金融服务者拥有一批稳定的强关系客户。

在"互联网+"时代,移动智能终端将成为互联网络的最主要入口。而"入口"就是市场,谁能抢先占据大量入口,谁就能拥有客户和效益。因此,移动智能终端将成为金融服务的主要角力场,也将重构当前的互联网金融格局。比如,中国移动与银联抢先进行了近场支付的布局。他们以 TSM(Trusted Service Manager,可信服务管理平台)的开放性和公信力为基础,大手笔投资 NFC(Near Field Communication,近场通信),并以 SIM 卡为银行账户载体,全面开展移动支付业务等方面的合作。

### 1.2.4 金融服务社交化、微信化

"互联网+"时代,不断出现的新型社交媒介和平台(QQ、微信、微博、论坛等等),使企业能够深入地、全面地与用户进行沟通交流,及时了解客户最新的消费态度和需求,以准确定位市场目标,满足多元化和个性化的市场需求。因此,社交金融也必将成为金融服务机构争夺的主要领域。

具体来说,社交金融是基于客户需求,以与客户的双向信息沟通为目标,通过社交圈子、交互应用等在线互动方式,构建出的以社会化网络运作模式为参照的开放式互联网金融生态系统。最终目的是通过与客户的充分有效交流,不断改善创新服务产品的质量,满足日益多元化和个性化的金融市场需求。

根据腾讯发布的数据,截至 2015 年第一季度,微信的活跃用户数为 5.49 亿,是国内备受欢迎的移动社交平台。当前,微信平台正以海量流量为基础向智能移动平台(App Store)转移。这必然会颠覆和重构众多领域的生态格局,给各个领域带来新的发展机遇。具体到互联网金融,可以从以

下几点来看微信金融的发展态势（见图1-7）。

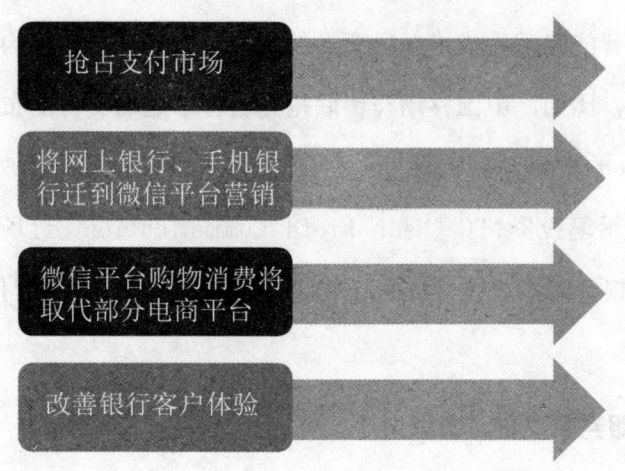

图1-7 微信金融的发展态势

**（1）抢占支付市场**

微信和线上商家进行合作，成为消费者手机支付的入口。由于微信是当前人数最多的社交平台，因此当其开发支付入口后，必然会大量分流其他入口的客户，对现有支付市场形成冲击。同时，微信本身也在不断更新升级，以优化消费者的服务体验。比如，微信5.0版本内置了微支付功能，在微信支付公众账号里就可以完成全部的支付步骤。

**（2）将网上银行、手机银行迁到微信平台营销**

微信平台拥有大量潜在客户群体和广阔的市场空间，关键是如何把海量的客户流转变为具有高黏性、强关系的用户群体。微信平台通过技术上的设置，将客户第一次支付时绑定的银行卡和个人信息收录到个人中心里。这种技术设置，在为用户以后的支付行为提供方便的同时，也将网上银行、手机银行等金融服务转到了微信平台上。

**（3）微信平台购物消费将取代部分电商平台**

在占领了支付入口之后，微信就可以继续触及价值链的上游，为用户提供购物入口。以庞大的用户基数为依托，微信集中了各个行业的公众服务号，可以满足大量用户不同的消费需求。同时，各大银行也将目光聚集到了微信平台上，例如农行推出的K码支付，就极大优化了微信的支付方式，使其更易于操作。

这些转向和改进，必将使微信平台抢占到更多的电商平台市场份额，成为支付宝等传统支付平台的有力竞争者。

**（4）改善银行客户体验**

一方面，微信等社交平台提供了越来越多的增值业务，如团购、彩票、缴费、充值等，大大增加了社交金融的商业附加价值；另一方面，利用微信平台，可以在互动中敏锐地把握到客户的兴趣和关注点，有针对性地进行服务创新。再者，借助微信客服等自动化的服务手段，可以及时回复客户的疑问，极大改善用户体验，建立起与用户的强关系。

微信银行实质上是将银行客户端移植到微信平台上，通过"LBS（Location Based Service，基于位置服务）+SNS（Social Networking Services，基于社交服务）"模式，将商铺优惠、移动社交等技术和功能集中于APP中，达到客户营销和空中服务的双重目的，实现银行服务与本地生活方式的紧密结合。

2010年4月，招商银行推出了"i理财"网络互动银行，颠覆性地变革了传统的交易型网上银行，也给客户带来了全新的服务体验。其中，强大的网络社区支持是"i理财"最具特色的地方。

"i理财"社区使用互联网Web 2.0技术，通过博客、圈子、在线互动等方式建立起关系型社区，主要栏目包括"我的i理财""理财经理""产品超市""网上营业厅""网点地图""百味牛博""理财圈""i炫活动"

等内容。在理财决策方面，社区为客户推荐高口碑产品，并提供相关产品在用户评价、销量排行、人气排行等方面的信息。

总之，与以往单纯产品展示的理财方式不同，"i理财"社区增加了产品的比较、筛选、个性化搜索、排序、评价等功能，为客户提供了网上学习和交流的空间。

除了"i理财"，招行还推出了包含借记卡、信用卡等业务的"微信银行"，通过多种形式进行社交金融布局。另外，农业银行也通过多种社交平台涉足社交金融领域。比如，开通官方微博，建立互动e站，开辟客户与专家的互动专区以及推进官方微信平台建设，等等。

在"互联网+"时代，有用户流量才会有"注意"，有"注意"才有市场和效益。因此，各大银行在微信等社交平台上进行金融布局的最终目的，无非是抢占其海量的用户流量。

一方面，在经济新常态下，微信等社交平台成为企业获取客户的新渠道；另一方面，互联网金融的社交化、移动化、本土化趋向，使社交平台引入了更多的增值服务。因此，进行社交金融布局，能够为银行带来大量的客户群，并建立起与客户的强关系，有利于最终在互联网金融的竞争中处于优势地位。

### 1.2.5 直销银行强势崛起

在20世纪90年代末，直销银行就已经在北美、欧洲等经济发达地区产生，它是互联网时代应运而生的一种新型银行服务模式。在这一模式下，银行不设营业网点，不发放实体银行卡，客户主要通过电脑、电子邮件、手机、电话等远程渠道获取银行产品。

借助"互联网+"的顺风车，我国的直销银行异军突起，以其低成本、高效率的优势,充分满足了客户"新潮、快节奏、追求精致生活"的消费需求,在互联网金融市场中迅速占据了一席之地。

直销银行主要是依托于互联网等新媒介平台,突破了实体营业网点的时空限制,让客户在网上就可以体验到开户、转账、理财等服务,实现了业务中心与终端客户的直接沟通。具体来看,直销银行主要有四大优势(见图1-8)。

图1-8 直销银行的四大优势

直销银行有明确的目标客户群体,即以中等收入群体为主的互联网客户。这一群体有网上消费的习惯,且对产品和服务的性价比、效率、流程比较敏感,追求高效、简单、实惠、更加多元化和个性化的产品和服务。虽然当前很多银行也推出了诸如网上银行、手机银行、电话银行等服务,但这些业务的运行并没有完全脱离实体网点而独立存在。

因此,随着"互联网+金融"的发展,以满足客户"新潮、快节奏、精致生活"需求为目标的直销银行,必将成为互联网金融的新模式和增长点。

2013年9月18日,北京银行宣布,与荷兰ING集团在深度合作的基础上,正式推出直销银行服务模式，这意味着国内第一家直销银行破土而出。

北京银行直销银行利用互联网、移动互联网技术和多种形式的电子自助设备，采取线上和线下渠道融合的服务模式：即线上由互联网综合营销平台、网上银行、手机银行、视频对话等多种电子化服务构成；线下则发放 VTM（智能银行机）、ATM、CRS（自动存取款机）、自助缴费终端等各种自助设备。

通过这种服务方式的变革，北京银行直销银行在服务理念、服务时间、服务空间、服务价格、服务流程、服务内容、服务渠道、服务方式、服务价值等 9 个方面取得优势。当前，北京银行已在北京、西安、济南等地建立了多家直销门店，拟上线一批简单、便捷、优惠的专属金融产品，以便为客户带来更加优质、高效、便捷、时尚的全新金融服务体验。

同样是在 2013 年 9 月，民生银行宣布和阿里巴巴签署战略合作框架协议，在阿里巴巴提供的电商平台上开展业务，通过互联网推销金融产品，并且直接和支付宝账户挂接。这一直销银行主要依托淘宝网站，利用阿里巴巴及其关联公司的客户渠道和资源，着重为小微企业和草根消费者量身定做金融产品和服务。

还是同年的 9 月，浦发银行与腾讯公司在互联网金融领域开展多元化全面战略合作，合作构建互联网金融生态圈，努力提升用户服务体验，以抢占互联网金融市场，实现双方共赢。另外，平安银行和百度公司也建立了类似的合作关系。

总之，直销银行运作模式带来的巨大竞争优势和广阔发展前景，使得传统金融机构纷纷涉足这一领域。再加上国家政策层面金融业务向民营资本的进一步开放，直销银行这种低成本、高效率的运营模式必将受到大众越来越多的青睐，成为各大银行进行互联网金融布局的一个主要模式。

## 1.3 BAT 三巨头的互联网金融布局

"互联网金融"与"金融互联网"别看只调换了一下文字的顺序,但内在的含义——"互联网"属性却有了显著的区别。前者注重人才,后者注重钱财;前者核心为用户,后者核心为组织;前者依靠金融技术与数据,后者依靠资金与牌照;前者利用互联网技术对金融产品进行包装,后者只讲利率、收益率、年限方案;前者信息对称、交易公平,后者信息不对等、交易环节不透明。

而将这些属性集于一身的企业就是我们要讲的主角——BAT三巨头。它们借助于互联网技术想要在金融领域大展拳脚,未来的互联网金融格局也将随之而变(见图1-9)。

图1-9 BAT三巨头的互联网金融布局对比

### 1.3.1 百度:积极布局PC+移动端入口优势

2013年10月底百度金融中心推出的首款金融理财产品"百发"正式

亮相，随后而来的一系列金融产品表明了百度布局金融的野心。以下是百度推出的几款主要金融产品（见图1-10）。

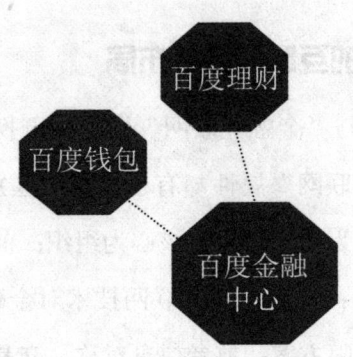

图1-10 百度的主要金融产品

百度2008年便已经推出与多家银行合作的第三方支付工具，同时也是百度金融牌照的主体。

百度钱包：百度于2014年4月15日推出了手机支付业务品牌"百度钱包"，这不得不让我们想起另一个搜索巨头谷歌推出的"Google Wallet"。

百度金融中心：支持用户的信用卡申请业务，着力打造消费者与传统金融的入口平台。

百度理财：首发项目为"百发"，以高收益率吸引了大量投资者，打响了百度进军互联网金融的首战。目前支持百度理财B、百发、百赚、百赚180天、百赚365天、中证500、沪深300等众多理财产品。

除这几项个人金融理财产品之外，百度还推出了针对中小企业的"百度小贷"、针对金融客户的"金融知心"。前者类似于阿里推出的面向小微企业信贷业务的阿里小贷；后者下分理财、贷款、保险三种业务，实现

了用户流量与金融机构的无缝对接。

2013 年 7 月 10 日百度获得支付牌照，相比于阿里在电商领域的霸主地位，百度的互联网金融将如何突围？其布局互联网金融的底牌又将是什么？

百度依靠搜索引擎在 PC 端与移动客户端的流量入口优势以及庞大的用户规模支撑，使百度金融业务得以轻松展开，也相对容易地获得了组织机构的流入。百度为用户推出的云存储服务"百度云"使得百度钱包 API 获得巨大优势。百度推广平台上 80 多万的中小企业用户则是百度金融小贷业务的重点对象。

不同于阿里借助收购天弘基金实现流量闭环的方式，百度更开放地为金融机构提供售卖基金产品的平台，直接面向消费者。欲将信息流转换为商流的百度电商没有获得明显成效，这次想要由信息流转换为金融流的互联网金融是否能够成功？从大的层面上讲，相对容易实现。

电商需要营销、仓储、物流、售后等环节，还要承担卖家分散化的成本消耗，考虑用户形成的消费习惯等，这些问题在互联网金融领域被很大程度地削弱。阿里的余额宝虽然在短时间内吸收了大量资金但是并未形成足够的品牌优势，百度还有很大的机会迎头赶上。鉴于此，百度金融的成功机会很大，而且百度还有两个领先的优势（见图 1-11）。

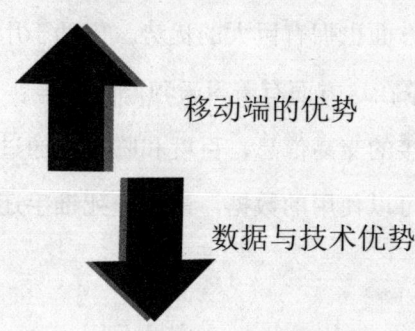

图 1-11 百度做金融的两个主要优势

①移动端的优势

腾讯在移动端的领先地位由来已久,阿里在这方面则显得弱一些。百度在移动端可以借助搜索引擎以及开发新应用工具的优势,而且百度还有其他两家所没有的重要底牌——百度地图。

截至2014年10月,百度地图的用户量达到3.7亿,中国互联网络信息中心在2015年1月份发布的《中国移动互联网调查研讨报告》显示:百度地图在手机地图用户市场份额中以63.7%的比例牢牢占据榜首。这方面的优势可以让百度获得宝贵的大数据战略资源。

地图与支付是线上与线下相结合的本地生活服务的两个核心点,微信使腾讯在支付上领先了一小步,但是百度在地图上却是领先了一大步。腾讯地图就目前看来很难有起色,百度通过入股糯米网加紧O2O布局,当下移动支付成为百度的主攻方向。

在本地化生活服务方面,手机支付宝是阿里的核心优势,其他一些零散的投资阿里并没有取得多大成效。百度在本地生活服务上还有很多机会,百度钱包与百度金融将会成为百度进军本地生活服务的两大重要武器。

②数据与技术优势

在阿里的金融战略中,"大数据"分析是重要的一环,大数据应用是完成信用评估及余额宝资金动态调整的重要依据。百度(全网搜索引擎)与腾讯(QQ、微信)在数据方面也拥有巨大的优势。借助于用户的搜索信息发掘出有用价值,搜索引擎在这方面有着得天独厚的优势。

阿里拥有的数据是最直接的交易信息,百度和腾讯也通过各自的渠道能够获得在互联网金融领域可以使用的数据,最终鹿死谁手还要看谁能把这些数据用好。

### 1.3.2 阿里巴巴：从服务企业到个人，数据是核心资产

发出"如果银行不改变，我们就改变银行"豪言的马云，短短两年时间打造出了阿里互联网金融宽广浑厚的布局（见图1-12）。马云的"金融＋平台＋数据"战略，用实际行动展示着阿里金融的发展思路。

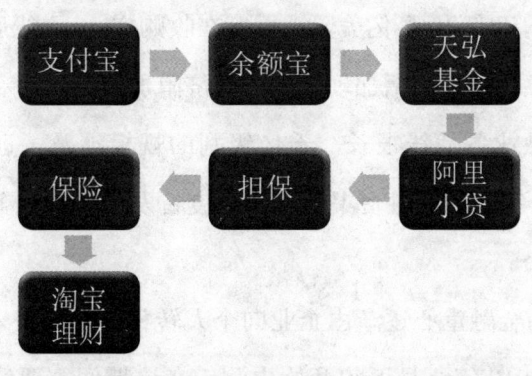

图1-12 阿里的主要金融产品

支付宝：2004年建立的第三方支付平台，主要为用户提供支付及理财服务。2014年第二季度成为全球最大的移动支付平台。

余额宝：支付宝打造的年化收益率在4%～5%之间的余额增值服务。开创了以互联网技术封装货币基金的先河。截至2014年12月31日，余额宝规模达到了5789.36亿元。

基金业务：控股天弘基金。

小额贷款：重庆阿里小贷、浙江阿里小贷。当前有30多万家小微企业从中受益，累积贷款超过1000亿元。

担保公司：重庆商城融资担保，其服务对象主要为重庆中小企业。

保险业务：三马（马化腾、马云、马明哲）联合创建的中安在线财产保险公司。

淘宝理财：与富国基金、广发基金、建信基金等将近50个合作伙伴合作的理财产品交易平台。

阿里崛起于中小企业的B2B服务，这些企业对信贷也有着很大的需求，如果能够满足中小企业的这部分需求将会为阿里带来巨大的收益，因为阿里拥有足够的资本。相关统计显示：2013年3月底，阿里的流动资金就有50多亿美元，腾讯有40多亿美元；百度在收购完91无线后流动资金降至30亿美元。小额信贷将会增加现金流的经济附加值。

阿里的金融业务战线很长，千亿级别的规模涉及了证券、基金、保险、信托、银行等金融业融资渠道。而百度首发的小贷业务总规模也就几亿元。

但是阿里的金融重心逐渐由企业向个人转移。余额宝未推出之前，其信用支付就于2013年3月下旬开始内测，在这期间主要解决的是优化业务流程、改善信用评估、加强风险控制及相关法律等方面的问题。

最终阿里的信用支付没有获得成功，但余额宝却出人意料地打开了局面，直接改变了人们的理财方式。其实阿里的初衷并非是收购天弘基金，也没想到余额宝会有如此大的能量。阿里的初衷在于借余额宝增加支付宝的账户价值，进一步吸引用户流量，提高支付宝在移动终端的使用率。

阿里给余额宝的定位是产品的运营需要，而当今业界主流开发产品的目的是为了满足用户的需求。支付宝在安全、便捷、体验等方面有着其他同类产品无法比拟的优势，而且它给了金融领域的企业一个启示——那些理财领域的小白群体对于理财有着巨大的热情。

阿里下一步将会围绕满足用户的需求来开发产品，这一战略实施过程中阿里有以下几方面的优势（见图1-13）。

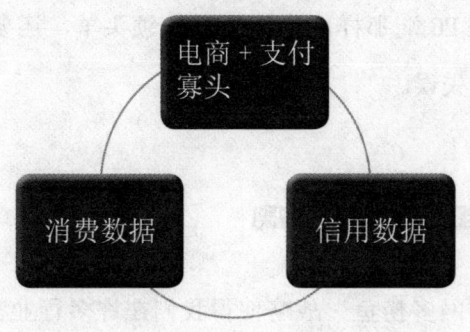

图 1-13 阿里做金融的三大主要优势

①电商 + 支付寡头

具体包括由阿里角色带来的用户流量、资金流、金融背景、企业用户资源、口碑等。

②信用数据

收集企业的交易信息并对小微贷款的信用进行评估；对客户的数据进行动态监控，规避风险；利用用户信用记录进行金融支付等。阿里一贯沿用的信用体系在金融中也必将大放异彩。

以往收集信用评估资料要耗费巨大成本，当然伪造信用评估资料的代价也很高昂；互联网的信用评估成本相对低一些，相对应的伪造成本也低，这会带来一定的风险，比如淘宝商家利用漏洞所进行的刷钻行为。

③消费数据

通过收集消费者的交易数据，运用云算法对用户的消费行为进行预测，从而为余额宝的资金配置进行指导。利用大数据分析的结果推出淘宝基金指数，从而实现用户与金融产品的无缝对接。

当然阿里还可以借助之前投资的新浪微博进行推广运营，比如微博上微博达人的信息传播能力、用户的动态变化收集、社会化数据发掘等。

在 PC 端阿里可以说是占尽了优势，本地化生活服务的移动端则充满了变数,能否像在 PC 端那样成为该领域的领头羊,还要看下面这个移动端"大佬"是否会失误。

### 1.3.3 腾讯:"广撒网多捞鱼"战略

腾讯的"广撒网多捞鱼"战略使得我们在许多行业都能见到腾讯的身影,在互联网金融浪潮袭来时,腾讯更是不可能放过这个机会。更何况腾讯还有排名第二的第三方支付工具——财付通。以下为腾讯在互联网金融领域的战略布局(见图 1-14)。

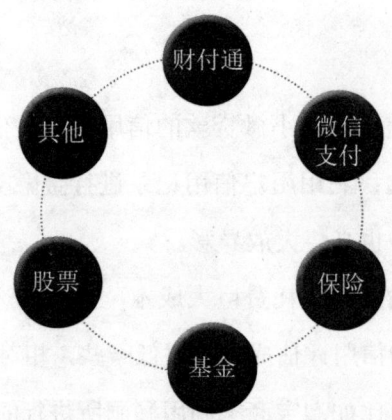

图 1-14 腾讯的主要金融产品

财付通:开发目的是为了服务腾讯拍拍网,经过多年的发展已经成为腾讯支付的基础。在第三方支付市场份额统计中,处于绝对优势的是支付宝,占市场份额的 50%,第二名为占据市场份额 20% 的财付通。

微信支付:移动财富通 APP 应用,基于财付通的微信支付。

保险业务:作为"三马"之一,自然少不了众安在线财产保险公司。另外财付通与中民保险网共同建立的"保险超市",依托腾讯移动端的入口优势吸引了众多的消费者。

基金业务：富国中证50、泰达中证50、华泰柏瑞量化基金等一系列指数产品。

股票领域：收购益盟操盘手后不久，又推出了腾讯操盘手，开发炒股软件等。

其他业务：腾讯与华夏、广发、易方达等基金公司展开深入合作，推出了多款理财产品。

如今的腾讯更显稳重，在互联网金融领域虽然做了一番布局，但目前观望的态度居多。互联网金融领域尚属一片蓝海，传统金融行业与互联网企业都跃跃欲试，寻找机遇。目前互联网金融业务中P2P当属对企业挑战最大的业务，涉及面复杂、风险难以控制，不过P2P业务具有的社交属性使腾讯在社交上的优势得以充分发挥，这是腾讯进军P2P领域过程中阿里与百度所不具备的一大优势。

在中小企业的小贷业务上腾讯没有多大优势可言，主要是缺乏这方面的企业资源及相应渠道，在小贷业务的市场运营上腾讯也尚属"小白"级别。但是在个人支付产品、金融理财产品、企业客户服务上，腾讯有几张竞争对手颇为忌惮的底牌（见图1-15）。

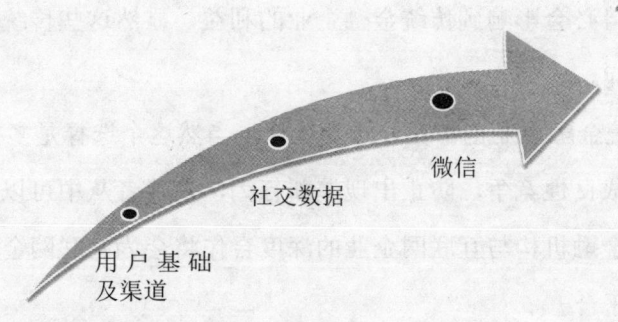

图1-15　腾讯做金融的三大优势

①用户基础及渠道

这给腾讯带来社会化支付、金融理财产品的开发、产品的推广营销以及客户的维护等方面的优势,为腾讯在未来发展成一个对接消费者与第三方金融机构的交易平台奠定了基础。

②社交数据

将QQ、微信等产品中的海量数据加以利用,可以发掘出潜在价值从而完成预测,腾讯的基金指数便是代表之作。

③微信

如果说微信为腾讯打下了移动支付的江山,那么在互联网金融领域微信也将会大放异彩。

腾讯成功的经验在于让一些人先去试水,一旦有可操作性腾讯便迅速出击。"临大事而惧,陈立而后就列",腾讯以谨慎的态度、充足的准备和严谨的思考实现了在完美复制基础上赶超前者的壮举。哪怕是腾讯对互联网金融尚处于观望态度中,腾讯的步伐也没有停下来,"三马联合""指数基金""参股民营银行"等行动有条不紊、准备十足。

如今再看马云所说的"如果银行不改变,我们就改变银行",这个"我们"实际上是包含了腾讯、百度还有其他相关领域的企业。互联网金融如果发展起来势必会影响到传统金融企业的利益,显然这些传统金融行业也不会坐以待毙。

目前传统金融企业也都在寻找合伙伴,当然这个选择是多样化的。这样也可以形成良性竞争,防止出现垄断行为,消费者从中可以获益。随后而来的传统金融机构与互联网企业的深度合作将会为互联网金融带来更为广阔的发展平台。

## 1.4 互联网金融的跨界场景变革

金融以打破时间、地域限制，随时随地交易为特点，因此，只要涉及到商品价值、交易方式等都属于金融交易的范围。既然金融以等价交换为核心，那么互联网金融的核心是什么？是互联网还是金融？

有人基于风险控制是金融的核心，认为互联网金融的核心就是金融。但是，如果风险控制的水平一致，那么金融一定还是互联网金融的核心吗？此外，互联网除了与金融相融合，还带来了什么？小米的创始人雷军说互联网思维就是"专注、极致、口碑、快"，除此之外，还有以下三点。

**（1）以个性化、客户力量、小利润大市场为根本的长尾效应**

互联网能突破时间、空间的限制，将零散的资金聚集起来，完成传统金融所无法实现的融资。

**（2）时空的配置**

运用互联网思维的企业将单一产业转为立体多元化产业。简单来说，挣一元钱，会有以下四种方式：

第一种方式：传统方式。进价1元，售价2元，赚取差价。

第二种方式：企业模式。在同一时间段内，以进价1元销售产品，但因为价格低，可以迅速卖出10份，这样可以使以后每个产品的进价降低0.1元，获利1元。在这个过程中，还可以延伸产业链，赚取增值价值。这种模式以沃尔玛、苏宁、国美、京东等为代表。

第三种方式：商业模式。同样是在同一时间内，售价与进价相同，卖出10份，但不同的是，不是获得1元的利润，而是获得10个用户，并在延伸产业链的过程中赚取 1 元的利润。这种模式以乐视、小米为代表。

第四种方式：补贴模式。产品的成本是 1 元，然后再补贴给用户 1 元，从而吸引大量用户。这种模式表面上看是亏损的，但实质上前 9 个人虽然补贴了 1 元，但第 10 个人就可以赚 20 元甚至更多，或者类似于企业模式和商业模式，在延伸产业链上盈利。这种模式以滴滴打车、快的打车为代表。

随着移动互联网的发展，时间和空间的限制被打破，金融资产的盈利渠道变得多元化。原本 18% 的年化收益率在分成 3%、6%、6%、3% 四个维度后，就能够拓宽获取利润的渠道。因此，存款 10%、贷款 6% 也成为可能，在很大程度上降低了企业和个人的资本风险。

### （3）互联网技术变革

"移动互联网 + 大数据 + 云计算"问鼎金融行业，为金融业的发展提供了指纹识别技术、人脸识别技术、定位技术、物联网技术、语音识别技术等技术支持。此外，互联网技术简化了金融的程序，使企业投资、个人借贷变得更方便快捷，并且可以自由选择额度，发挥资源的最大潜能。

凯文·凯利的《失控：机器、社会与经济的新生物学》一书提及如今盛行的概念：云计算、物联网、虚拟现实、协作、双赢、共生、共同进化等。主要思想就是当数量众多的个体聚集到一起时，量变将转化为质变，产生巨大的效益。

例如，一条鱼在海中丝毫不起眼，但一个鱼群就可以引起关注，当这个鱼群不断变大，并始终保持一定的队形和方向，就会形成巨大的能量。在鱼群迅速扩大的同时，存在的问题也会迎刃而解。

目前，一部分企业正在借助互联网的平台优势积极追求变革，以期发展成一个"庞大的鱼群"。如果大部分企业的风控都在标准水平以上，那么剩下的一小部分企业将会被市场淘汰。企业将坏账率保持在 2%～5% 之间，就能够在市场竞争中取胜，但是在这一范围内，企业的收益也会有差异。

坏账率影响一个企业的收入甚至生存,金融领域坏账率的重要性堪比电商领域的利润,亚马逊、Facebook就十分重视当期利润。

坏账率之所以影响公司的发展,是因为坏账率越高意味着公司损失的资金就越多。一个公司,尤其是金融属性的公司最重要的就是资金的流动性,而坏账会致使公司的流动资金不足,主要表现在两方面:一是无法实现刚性兑付,二是在非刚性兑付方面,投资人看到所投资的企业坏账率过高,为确保资本安全会先行撤资。

如果坏账率低,投资者就会继续投资,最终由量变达到质变。比如,一个人做信贷,6%的坏账率是其赢利点,但是当无法实现刚性兑付时,坏账率会达到20%,甚至40%。在无法使坏账率降到6%的情况下,信贷人会小范围进行金融欺诈,让客户认为坏账率依旧是6%,保持刚性兑付,等待量变过渡到质变,实现超额盈利。

但是有效控制金融欺诈还必须具备以下四个前提(见图1-16)。

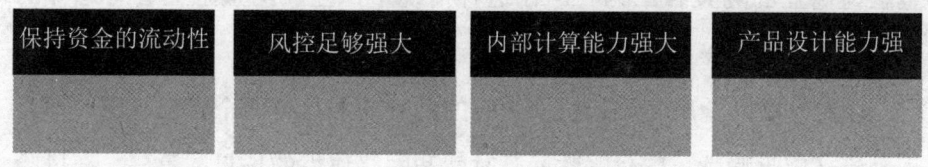

图1-16 有效控制金融欺诈的四个前提

第一是保持资金的流动性。隐瞒过高的坏账率,需要客户保持对信贷机构的信任,让他们觉得自己的资金安全有保障,但是小的信贷机构还需要谨慎决策。

第二是风控足够强大。通常,我们会走进一个误区,认为坏账率高就意味着风控水平差。其实坏账率和风控水平之间没有必然的联系,而是与公司的信贷政策、产品设计关系密切。

第三是内部计算能力强大，能够精准预测风险。

第四是产品设计能力强。

互联网的发展为各行各业提供了平台，实现了企业间的去中介化。金融借助互联网的优势发展，颠覆了传统的银行理念，是否也会颠覆自身？

目前，人们存在两种观点：一种是相信未来"互联网金融"会失去市场，科技将成为金融的重要组成部分。除此之外，金融还包括互联网、大数据、云计算，科技成为金融发展的内在驱动力，实现普惠金融和繁荣发展。另一种观念则是担忧随着互联网带来的诸多便利，实现了资源有效配置和信息共享，在未来，金融将渗透到人们的生活中。

"互联网＋金融"模式何时会遇到"黑天鹅"？这些"黑天鹅"又将给互联网金融带来什么影响？通常来说，传统金融的经营模式比较单一，无法向场景化转型，而互联网金融则可以实现产业的立体多元化，将金融与商业的场景合二为一。在这种情况下，互联网金融又会有怎样的发展？

能对互联网金融发展起协同效应的场景通常具备两个特征：第一，有现金流（应收账款、应付账款）、时间和网络属性的场景；第二，在风险定价上，有信息流场景，可以有效分析数据，共享信息，降低投资的风险。而支付场景、消费场景、社交场景、游戏场景、生产场景等就具备这两个特性。

在未来，互联网金融将成功实现跨界场景化，与各行各业相互融合，产生巨大的经济效益和社会效益，同时又将渗透到人们的生活当中，为人们带来便捷舒适的服务。

## 1.5 互联网金融正在颠覆的十大传统行业

自从互联网面世以来，它就潜移默化地改变着我们的生活。在互联网涉及我们生活方方面面的今天，"互联网思维"成为现代人动辄便挂在嘴边的利器，一些完全不同于以往的模式与思维从互联网脱胎而出，随时随地颠覆着我们的认知。

尤其是在金融领域，互联网仿佛一夜之间便在此扎根，互联网金融成为金融业的一匹黑马。如今，互联网金融已经吹响了颠覆的号角，发起了冲锋，深受影响的传统行业（见图1-17）要如何应战呢？

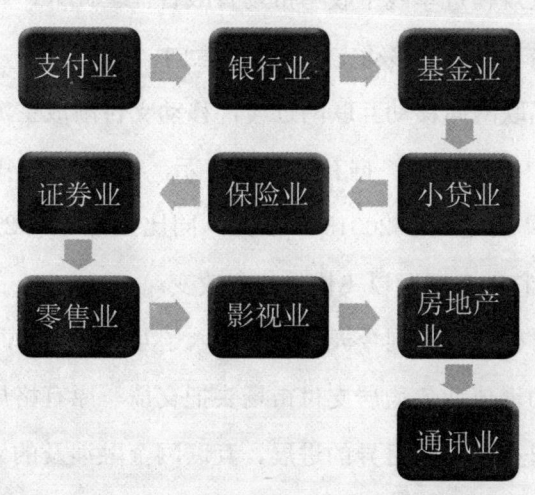

图1-17 互联网金融正在颠覆的十大传统行业

（1）应战方：支付业

战况：移动支付爆发性发展，支付业几乎溃不成军。

改革开放以来,市场经济繁荣发展,凭票供应成为历史,现金开始了其一统交易市场的时代。然而,随着金融业的不断发展,POS 交易渐渐蚕食了交易市场的大半江山,银行与银联的时代随之来临。

所谓"江山代有才人出",支付行业也是如此。随着电子商务的蓬勃发展,第三方支付应运而生,2000 年出现了第三方支付机构。此后,便一发不可收拾。

进入 21 世纪以来,伴随着电子商务的发展,淘宝网在 2003 年推出了支付宝服务,随后,支付宝从淘宝网分拆独立,逐渐发展为国内最大的第三方支付平台,线上交易发展欣欣向荣。2011 年,央行为支付宝、财付通等企业颁发了第三方支付牌照,自此第三方支付机构的发展不再局限于线上,开始向线下收单市场进军。

2014 年,"双十一"购物狂欢节不仅再一次刷新了单日线上交易金额,还使得支付宝大规模进军线下收单市场首战告捷。此外,腾讯、百度等互联网巨头也开始表露出向移动支付发力的意向。

随着传统互联网向移动互联网过渡,移动支付渐成主流。目前,使用移动支付的用户增长迅速,据有关数据显示,仅 2015 年第一季度,第三方移动支付交易就达到了 20015.6 亿元,同比上涨 139.2%。线下传统的 POS 市场正在被移动互联网以飞快的速度改变。

点评:支付行业发展到今天,已经进入了互联网支付时代,移动支付凭借其大数据的增值业务稳居支付市场头把交椅,原有格局被冲击得支离破碎。随着信息技术日新月异的进展,互联网金融涉及的领域不断蔓延,在颠覆的冲锋号角之下,支付行业的应战仿佛还未开始就已落败。

(2)应战方:银行业

战况:互联网金融步步紧逼,银行业被迫转型。

近年来,互联网及信息通信技术发展迅猛,在此基础上,互联网金融得到进一步发展。

2013年6月13日,支付宝推出了针对个人用户的余额增值服务,即大家所熟悉的余额宝。将钱转入余额宝账户,实质上就是购买了天弘基金提供的"增利宝"货币基金,从而获得收益。与传统的货币基金不同的是,余额宝账户里的资金可以随时提取、支付,灵活性较强。余额宝自推出以来,深受广大用户的欢迎,截至2015年4月,规模已突破了7000亿元。

而京东、苏宁、百度、新浪也不甘落后,随后推出了"小金库""零钱宝""百赚""微财富"等理财产品,互联网金融已然剑指银行存款。

然而,互联网金融的进攻远不止此。2014年,互联网巨头腾讯将目光瞄准民营银行,其旗下的"微众银行"在12月12日获准开业,并于2015年1月18日试营业。

一向敢为天下先的阿里早在2014年9月29日就已经获得了中国银监会的批准,但却在2015年6月25日才正式开业。如果说这仅仅是溅起了一朵小水花,那么李克强总理到访微众银行就是掀起了巨浪,互联网银行尚未营业便已获得大众瞩目。而随着总理对回车键的敲击,足不出户的卡车司机就拿到了3.5万元的贷款,互联网金融对银行的攻势进一步加强。

反观传统银行,从2014年第三季度就出现存款总额减少现象,这在十五年来还属首次。相关数据显示,存款流失多是"个人活期存款",我们不难想象,这些活期存款的去向。

点评:传统银行自成立以来,风风雨雨经历了四百多年,其丰厚的历史底蕴是巨大优势,一时间绝无被替代的可能。然而,互联网金融尽管是新生事物,但凭借不断的创新发展已经为传统银行带来了挑战与变数。银行利润增速的下降、运作模式的落伍,成为传统银行的发展瓶颈,银行业唯有以互联网思维武装自己,加速转型升级,才能在互联网金融的步步紧

逼之下赢得喘息之机。

**（3）应战方：基金业**

战况：余额宝掀起理财旋风，基金业积极参与纷纷押注。

余额宝的横空出世，不仅引发了一系列"宝宝"的出生热，还将天弘基金一举推上了国内基金公司的顶峰，全民理财热情就此点燃。

作为证券投资机构，基金公司有着很强的专业性，过去参与其中者虽不在少数，但却并未在普通大众中普及，直到互联网金融渗透之后，余额宝等增值业务才使全民理财成为现实。随着这股热潮的风行，诸多互联网企业纷纷前来抢滩，力求分食这一大蛋糕，尤其是各基金公司，更是争先推出各种式样的理财产品。

点评：各种"宝宝"的崛起，既开启了全民理财的时代，又拉开了互联网理财的序幕，传统基金公司面临着全新的机遇。对此，基金公司仅仅是积极参与远远不够，还需要在低成本、高效率等方面革新，提升自身的核心竞争力，比如团队投资管理能力以及理财产品开发能力的提升，这样才能通过互联网所带来的多元渠道完善自身，在纷杂的基金市场上脱颖而出，形成品牌效应。

**（4）应战方：小贷业**

战况：P2P借贷打破区域限制，小贷业面临新的挑战。

在我国微型金融体系中，小贷业一直是十分重要的一个组成部分，行业内的小额贷款公司是不吸取公众存款、经营小额贷款业务的有限责任公司或股份有限公司，它比银行更便捷，比民间借贷更规范。尽管自兴起便面临着融资难的问题，但小额贷款公司仍然在期盼中前行着。

2015年，国务院总理李克强、副总理马凯分别赴沈阳、江苏考察调研了小贷公司的发展情况，这无疑是给小额贷款公司打了一针强心剂。当然，小贷行业所面临的困境也日益严峻，部分媒体对行业的妖魔化、利润下滑

等问题时刻悬在他们的头顶之上。

然而，困难远不止这些。如今，我们迎来了互联网金融的浪潮，P2P 网络借贷凭借其快捷便利的优势自兴起便呈现出迅猛的发展态势。所谓 P2P 网络借贷，是一种新的金融模式，也是金融服务未来的发展趋势，它为中小企业的融资提供了新方式，但也使得小贷业的处境更为艰难。

点评：传统的小贷业区域限制较为明显，区域间的竞争比较激烈，而互联网金融的出现显然打破了这一局面，使得用户没有了地域限制，贷款者与投资者之间能够通过网络借贷平台更好地对接。对此，小额贷款公司必须具备互联网思维，才能找到出路，比如寻求与 P2P 模式的合作，实现小额贷款互联网化等。

（5）应战方：保险业

战况：保险业主动出击互联网保险，产品自我更迭。

作为朝阳产业，保险业在中国经历了三十多年的高速增长，虽然所取得的成就不容小觑，为国家的发展做出重大贡献，但是与发达国家相比还存在一定的差距。在互联网金融的大潮中，保险业并未像其他行业那样被动等待，而是主动出击，联合互联网巨头一起进行了互联网+保险的探索。

2013年11月，中国平安联手阿里巴巴、腾讯推出了国内首家互联网保险企业——众安在线财产保险股份有限公司，所有的险种销售和理赔服务都通过互联网来实现。自公司成立以来，先后推出了多种保险产品，首款产品"众乐宝"将受众瞄向了淘宝商户。其他保险公司自然也不甘示弱，陆续推出自己的互联网保险产品。一时间，互联网保险的各种产品令人眼花缭乱、目不暇接。

相关数据显示，2013年的互联网保险业务交易额为318亿元，而2014年大幅增长，达到858.9亿元，同比增长195%。

点评：在保险业的经营理论中，"大数定律"是极其重要的，因为它与保险经营的稳定性息息相关，还关系补偿或给付的实现程度。所以，采集数据是一项极为重要的工作。如今，大数据需要依靠云计算技术来进行存储与计算，而云计算技术又离不开互联网，所以互联网保险就应运而生了。而保险业本身也有着天然的优势，不需要像其他行业那样经过生产、仓储、运输等环节，只要用户有意向、有需求便可以立即生成保单。如此一来，保险业正好可以借互联网金融发展之势来完善自身。

（6）应战方：证券业

战况：证券业借道网络谋求发展，中小券商差异化竞争。

近年来我国证券市场的规模不断扩大，活跃度也在不断提高，无论是股票、债券，还是衍生品，成交额都在逐年上升。尽管我国的证券业仍处于发展阶段，但多层次的资本市场已经初步建立并在不断地进行自我完善。而在互联网金融异军突起的今天，证券业也亟需与互联网拥抱。

互联网企业大多对证券业有着积极的参与热情，国家对此也给予了支持与引导，并鼓励证券业积极探索互联网证券。2014年2月20日，腾讯率先牵手国金证券推出了"佣金宝"，这是首支互联网证券金融产品，投资者只需在腾讯的股票频道在线开户，便可享受万分之二的交易佣金以及账户保证金余额理财服务，还能够享受到持续的增值服务。

此外，其他互联网巨头也纷纷"下海"，联手各大证券公司推出了自己的互联网证券金融业务。

点评：作为互联网思维的进一步实践成果，"互联网+"这股劲风越来越有力，在"互联网+资本"领域里，互联网与证券业碰撞出了全新的火花，互联网大数据为证券业提供客户，使客户获取模式多元化，而券商互联网化也为中小券商提供了差异化的竞争路线。

（7）应战方：零售业

战况：消费由线下转至线上，零售业备受冲击。

作为与百姓生活息息相关的产业，零售业自改革开放以来就飞速发展，已经步入了成熟期。如同世间万物一样，有成长就会有衰退，如今的传统零售业就面临着衰退，再加上电商的冲击，传统零售业亟需创新与变革。而在这个万物互联的时代里，传统零售商应以互联网思维武装自己，探索数字化转型之路。

而一贯顺应时势的互联网企业这一次将手伸到了传统零售业，2014年2月13日，京东商城上线了"京东白条"个人消费贷款服务，用户在使用前需进行信用评估，通过后可以凭信用先消费后付款，最高信用额度达1.5万元。

而紧随其后的蚂蚁金服则在12月推出了"花呗"，同样先消费后付款。其实，这两者的本质就是赊账，在传统的零售市场，赊购行为几乎是不可能实现的，而在互联网金融时代，基于大数据分析基础之上，赊账就有了无限的可能性。

点评：电子商务的出现已经极大地冲击了传统零售业，如今赊账服务的推出可谓是又给了传统零售业重重的一击，消费者的消费行为将更多地由线下转至线上。在互联网金融的浪潮中，消费金融在国内有很大的发展空间，电商巨头正严阵以待，赊账服务用户数量与规模将不断发展壮大，而一旦此服务转移到线下，传统零售业的前景将极为惨淡。

（8）应战方：影视业

战况：借力粉丝经济，影视业试水众筹。

影视业是文化产业中不可或缺的组成部分，所带动的经济发展是极为迅猛的。以电影为例，从策划生产到宣传发行、院线放映，再到电影周边产品的开发形成了一个完整的电影产业链，所带来的经济效益是十分惊人的。

近年来，国内的影视市场规模持续高速扩展，在这样的态势下，互联网金融是如何分得一杯羹的呢？

2014年3月，阿里巴巴领先推出了"娱乐宝"，用户出资便可投资影视作品，100元起步，年化收益率为7%，《小时代4》《狼图腾》等热门电影都在其中。9月，百度的"百发有戏"平台以"众筹消费+金融"的定位出现在人们视线之中，投资了《黄金时代》。而同年年底上映的电影《十万个冷笑话》则成为真正的首部众筹电影，凭借庞大的观众基础成为票房黑马。

点评：互联网金融以众筹的方式杀入影视业，无疑给电影提供了一条新的宣传渠道，在降低风险的同时也筹集了资金，这对于小众电影和新人导演来说无疑是非常有利的。但是，此种形式需要把握好一个"度"，否则过犹不及。

**（9）应战方：房地产业**

战况：营销新活力，跨界新姿态。

在过去的十几年里，我国经济呈高速增长之势，加之城市化进程加快，房的建筑面积逐年递增，规模也不断扩大，房地产业取得了巨大的成就，为中国经济增长做出了巨大贡献。然而，近年来房价越来越高，国家对此实行宏观调控，采取了紧缩政策，房地产业陷入低迷状态。与此同时，风头正劲的互联网金融开始向房地产业蔓延。

互联网金融与房地产之间的牵手成果依然是各种互联网金融产品，比如搜房网的"天下贷"，它解决的是购房者的难题和需求，将购房的门槛一降再降；平安好房的"好房宝"，则可以使用户买到更好折扣的房子；搜狐焦点的"首付贷"，可以给予买房人首付款，等等等等。

点评：目前，与房地产有关的互联网金融产品纷至沓来，也确实为低迷的楼市注入了新的活力，但就本质而言是治标不治本，只是依靠刺激房产消费来回笼部分资金而已。另外，需要注意的是，房地产投资带有一

定的投机性，即便是线下风险也是很大的，转移至互联网将更加无法得到保障。

(10) 应对方：通讯业

战况：排兵布阵，服务增值。

摩尔定律、吉尔德定律以及麦特卡尔夫定律等三大铁律揭示了信息技术的特点就是进步神速，较短的更新周期，于是，依托信息技术发展起来的通讯业的更新周期也比较短，不断地产品升级换代。基于此，互联网与通讯业仿佛是天然的同盟，这也就不难解释移动、电信、联通何以同时进军互联网金融了。

中国电信联合民生银行推出了账户余额理财服务——添益宝，正式宣告进军互联网金融；中国联通紧随其后与安信基金推出了"话费宝"，并与招商银行达成战略合作关系，共同筹建了"招联消费金融有限公司"，对互联网金融的尝试更为深入；中国移动则携手汇添富推出了"和聚宝"，至此，三大运营商又在互联网金融领域重聚，展开新一轮的"厮杀"。

点评：如今，诸多企业蠢蠢欲动，纷纷入局互联网金融。对于三大运营商来说，他们汇聚的庞大用户群体是不可忽视的优势，仅起步就高出其他企业一截，市场前景不可限量。

在互联网金融的冲击下，传统行业或是被动参与或是主动出击，但无疑都受其影响，有的甚至发生了颠覆性的改变。然而，这仅仅只是一个开始……

# 第 2 章

# 互联网金融 +：
# "互联网 + 大金融"新商业模式探索

## 2.1 "互联网金融+"时代的商业逻辑

随着李克强总理在《政府工作报告》中将"互联网+"提到新高度,社会已经掀起了一股传统企业的转型浪潮。国内传统行业在这场变革之中迎来机遇的同时也面对新的挑战。只依靠"用户为中心""平台战略思维"远不能为传统企业转型之路保驾护航,下面就以金融行业的"互联网+"为例论述"互联网金融+"时代的三大商业逻辑。

国内通俗意义上的互联网金融商业模式主要有六个方面(见图2-1)。

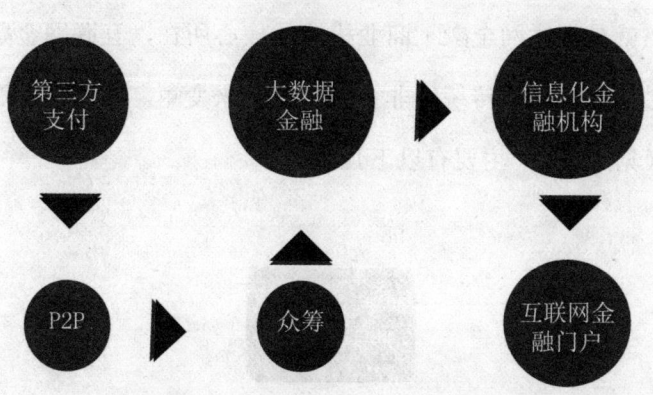

图 2-1 互联网金融的六种主要商业模式

互联网兴起至今,以上几方面的互联网金融都诞生了一些发展较好的企业。以 91 金融、红岭创投为代表的企业用事实证明了互联网思维应用于传统金融行业的可行性。P2P 网站使得众多的小微贷款发生改变,股权众筹则撼动了传统的天使投资,移动端证券类的应用软件改变了股民长久以来的炒股习惯等。

"以用户为中心"以及"平台战略思维"的应用使得这些互联网金融企业将金融行业的门槛降低并且优化了业务流程，将传统金融定位的高净值客户转变成了百元级别的用户，大数据分析的应用使得风险更低，而且收益更加可观。

分析一下目前互联网金融领域获得成功的企业可以发现它们在商业逻辑上有两个共同点：

一是互联网与金融的融合使得信息更加透明，而且用户的体验也获得提升；

二是金融的互联网化拓宽了传统金融产品的渠道，使更多的消费者参与进来。

这两点就是互联网金融+商业模式的核心所在，互联网金融不仅能改变传统金融行业，更给传统的非金融行业带来变革。互联网金融+模式的商业逻辑（见图2-2）主要有以下几点。

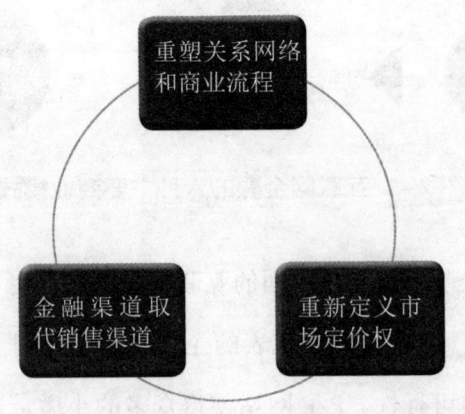

图2-2 互联网金融+模式的三大商业逻辑

**（1）金融渠道取代销售渠道**

传统的金融运作模式，募资与营销是两个独立的环节，企业的金融产品主要通过分销渠道对接消费者。但是互联网的出现使得分销渠道概念逐渐淡化，而且传统金融产品销售模式的边际效应也逐渐弱化。互联网金融发展出了新型的销售渠道，募资与销售的结合减少了销售渠道的成本投入，也降低了产品滞销的风险。

2015年2月3日下午，北青投资与爱投资进行战略合作，推出"省心计划—爱影视系列"。用户可以在爱投资平台上投资影视剧作品（经过北青投资严格筛选），投资金额最低为1000元，用户花很少的钱就能成为拥有明星的签名照、参加明星见面会等权利的影视投资人。

这个项目与娱乐宝本质一样，都是通过互联网金融运作，降低影视作品的推广及发行成本，进一步增加投资规模。同时还可以积累人气，提高影视作品在影院的排片率及上座率，最重要的是还可以吸纳众多的资金。而用户在享受到投资收益的同时还能获得一些娱乐权益。这为影视行业应用互联网+金融募资并进行宣传提供了一种新思路。

**（2）重新定义市场定价权**

在传统商业逻辑中产品的定价由资源的稀缺程度决定。互联网金融时代对传统意义上的资源"稀缺性"重新进行了定义。如今的团购使得传统的商家定好价格消费者买单的模式，转变成了消费者组团购物商家降价的形式。市场的定价权在互联网金融时代发生了转移。

位于北京798艺术区的HIHEY经过短短几年时间发展成为中国艺术品电商的巨头，其推出的HIHEY艺术银行业务就是为了打破传统的定价权壁垒。传统的艺术品由于相关检验技术的限制及法律法规的漏洞，导致定价权一直掌握在中间机构及少部分创作者手中，消费者无法得到透明公正的价格信息。一个真正科学健全的评估机制亟需建立。

HIHEY注意到虽然其艺术品成交量在不断上涨,但是并没有艺术品的定价权,在线下同行业竞争者面前始终没有优势可言,为了解决这个问题,HIHEY推出了允许用艺术品抵押进行贷款的互联网金融产品,满足了一些资金缺乏的创作者和艺术品收藏家的资金需求,同时也使HIHEY艺术银行和投资者掌握了艺术品定价权。这将有利于艺术品的流通,也促进了定价权的合理分配。

(3)重塑关系网络和商业流程

在传统金融商业模式中,企业的产品价值在同合作伙伴及用户的关系网络构筑及维护的过程中传递,而互联网金融模式所带来的互联网化与金融化会使企业的关系网络发生改变,随之商业流程也会发生改变。互联网化将"先产品再用户"的逻辑变革为"先用户再产品",金融化则使得企业的成本架构得到优化。

比如传统的健康农产品运作模式为:先种植培育好的产品,再进行消费人群定位并打造一个易于推广的品牌,最后卖给消费者。这样的商业逻辑在互联网金融+时代将会被淘汰,尝鲜众筹网就是其颠覆者之一。

尝鲜众筹网意在通过精品农产品众筹来改变现有的健康农业运营方式。消费者先在众筹网平台上投入少量的资本,种植方再进行种植。这既可以解决产品的销路问题,又优化了销售渠道降低了销售成本。传统的健康农产品难以打出品牌优势,消费者只停留于产地与商品的层面上,品牌得不到有效推广。

互联网的金融众筹实现了精品农产品品牌的推广,少量精致的农产品呈现在用户面前,加强了用户对产品的品牌价值及文化的认知。众筹模式

下，健康农业品牌对消费者的凝聚力得到极大的提高，而且风险也得到有效降低。

未来，互联网金融模式的这六个方面将会成为改造传统商业模式的工具，再结合这三大商业逻辑，传统行业必将迎来一波新的转型升级浪潮，属于互联网金融+的时代在不久后将会奏响新的乐章。

## 2.2 互联网金融＋众筹

### 2.2.1 众筹的特点、起源及发展

**（1）众筹的特点**

作为互联网金融的重要组成部分，众筹在近几年迅速发展，受到越来越多的关注，在具体运营上，众筹具有高创意、多样性、大众化的特点（如图 2-3）。

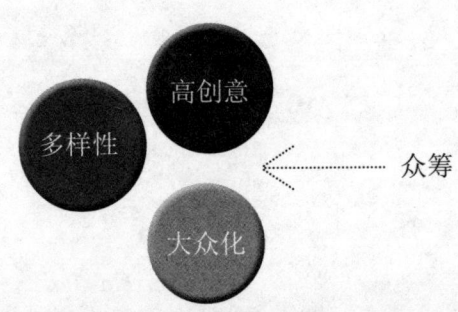

图 2-3 众筹的三个主要特点

高创意：众筹平台上一般都是创新性的项目，发起人必须将自己的创意通过设计图、成品、策划案等形式在平台上进行完整的展示，才有可能通过平台的审核，从而顺利上线。单纯的一个想法或者一个概念根本没有上线的机会。

多样性：众筹平台上的项目多种多样，包括科技、艺术、电影、音乐、漫画、新闻、视频游戏等各种类别。

大众化：众筹项目的投资者多是草根一族，而不是专业的投资机构，这也是众筹与传统投资模式的最大区别。按照法律关系及其回报形式的不同，众筹可以分为三个种类：基于捐赠行为的众筹、基于购买行为的众筹和基于投资行为的众筹，后者包括债权性质的众筹和股权性质的众筹，人们平时所说的众筹，一般指的是股权性质的众筹，就是以股权作为回报的众筹。

(2) 众筹的发展情况

自从 2009 年第一家众筹平台 Kickstarter 在美国创建以后，众筹就开始迅速发展，并逐渐蔓延到全球。2009 年，全球众筹融资额达到 5.3 亿美元，2012 年快速上升至 27 亿美元，2013 年继续增长至 51 亿美元，2014 年将近 100 亿美元，预计到 2025 年，这个数字将突破 960 亿。

从地区分布来看，众筹项目更多的集中在欧美地区。2012 年，北美和欧洲贡献了全球众筹融资总额的 95%，仅北美地区就贡献了 16 亿美元，在众筹融资总额中占据了接近 60% 的比例；2013 年，亚洲地区的众筹市场开始迅速发展，欧美地区的众筹融资金额下降到 90%，未来，亚洲地区所占的比例有望继续上升（图 2-4）。

从募资形式来看，52% 的融资金额通过购买模式，44% 通过借贷模式，通过股权模式募集的资金仅占 4%。随着政策环境的开放，未来，股权模式所占的比例很可能会增长。

从单个众筹项目的融资规模来看，众筹主要集中于 1000 万美元以下的"中小规模项目"，尤其是 50 万美元左右的社区项目。2012 年之前，Kickstarter 没有一个项目的筹资金额超过 100 万美元。美国的一家智能手表制造商曾在 Kickstarter 发起一个众筹项目，最终筹得 1030 万美元，超过其目标融资额 100 倍，成为目前全球规模最大的一笔众筹融资。

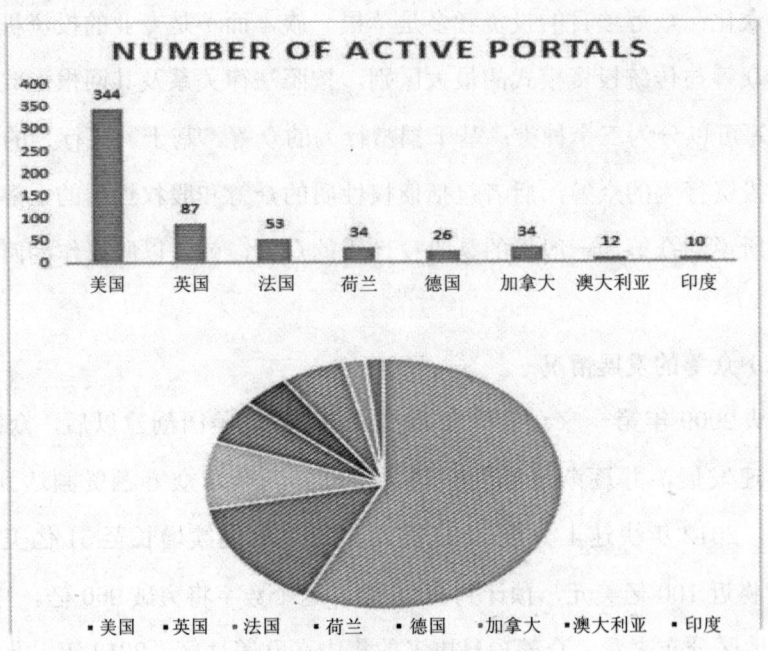

图 2-4 众筹项目全球区域分布

从 2009 年至 2014 年,全球股权众筹平台的数量以 114% 的年复合增长率持续增长,其中美国拥有活跃股权众筹投资平台的数目最多,在全球活跃众筹融资平台中占比超过 40%。

虽然众筹市场上有众多的平台,而且运营模式大同小异,但是从具体的项目类型和运营方式来看,它们都有自己的特点和优势。

(3) Kickstarter

2009 年创建于纽约的 Kickstarter 是全球成立最早、发展最快、覆盖范围最大的众筹平台,可以算是众筹行业的创始者,是整个众筹行业的行业标杆,也是所有众筹网站仰望和学习的对象。该平台拥有 79 名员工,570 万用户,为 10 万多个创意项目筹集了 10 亿美元资金,成功率达到 43.99%。全世界的人都可以在 Kickstarter 对感兴趣的项目进行投资,但只有美国、加拿大和英国的创意持有者才能发起众筹项目。

Kickstarter将众筹项目分为艺术、漫画、舞蹈、设计、时尚、影视、食物、音乐、游戏、摄影、出版、技术和喜剧13个种类，每个种类下面又分为更细的小类，其中影视、音乐和游戏类别的项目运营情况最好，融资总额占据了整个平台的一半以上。

对每一个项目的发起，Kickstarter都有一套严格的流程。首先，发起人确定具体的融资目标，包括截止时间和最低融资额等，然后，对此感兴趣的投资者做出投资承诺，在项目截止期限之前，如果投资金额达到最低融资目标，那么项目就融资成功，投资者通过亚马逊支付承诺的金额，产品生产出来后，项目发起人向投资者提供产品作为回报，反之，项目融资失败，发起人不会获得任何资金。

每个项目融资成功之后，Kickstarter收取融资金额的5%作为佣金，以这种方式，Kickstarter早在2011年就实现了盈利。

（4）天使汇

2011年在北京上线的天使汇是中国最大的股权众筹平台，截至2013年年底，共登记项目7000多个，成功获得融资的项目100多个，融资规模达3亿多元。2014年，天使汇的发展又上了一个新台阶，到2015年初，平台登记的项目已经将近3万个，2000多位经过认证的投资人帮助300多个项目成功完成30亿元的融资。滴滴打车、黄太吉煎饼和萌宠360等比较火的应用都是在这个平台得到的首轮融资。

与其他众筹平台相比，天使汇起点较高，它的投资人多半是专业的机构投资者和天使投资人，而不是普通的社会大众，而且单笔投资额度高达10万元。实际上，天使汇还是走的传统投资的路子，只是将创新项目和投资人都汇聚到了同一个众筹平台。天使汇为创业者和投资人提供了交流的平台，还以线下见面会和合作伙伴推荐项目的方式促进创投双方的合作。

在具体的投资操作上，天使汇采用的是天使投资特有的"领投+跟投"

模式，即由一个实力雄厚的投资人提供融资目标的 5%～50% 进行领投，其他投资人随后跟投，项目运作成功之后，领投人获得 5%～20% 的利益分成。

在项目融资的整个过程中，领投人要对项目进行详尽的调查，帮助创业者完善创业计划书，确定估值、融资额、最低单笔投资额、投资者席位数和投资条款，并利用自己的专业知识、经验、资金和人脉协助项目路演，帮助项目落实跟投。

在盈利模式上，天使汇设置了灵活的收费方式，在项目融资成功之后，收取 5% 的融资额作为佣金；另外，天使汇还可以为创业者提供公司的股权登记、股权管理、变更、增资、员工持股计划等多方面的服务，通过服务费的收取实现盈利；天使汇还可以帮助投资者设立有限合伙企业，提供标准化的法律文本和便捷的管理系统，从中收取 5% 的利益分成。

### 2.2.2 国内众筹模式的四种类型

众筹，即大众筹资，是借助互联网发布筹款项目并向众人募集资金的新型筹资方式。众筹使创业者、企业家可以获得启动资金实现梦想，同时也降低了交易成本；众筹为投资人和资金需求者提供了直接联系的机会，节约了金融机构、投资机构等中间环节所带来的成本，使资金筹集更加高效。众筹一般分为捐赠众筹、产品众筹、借款众筹、股权众筹四种类型。

**（1）捐赠众筹**

捐赠众筹是一种无所谓资金回报的众筹方式，指投资者向公司或个人进行无偿捐助。信徒们向寺庙捐香火钱，应该是捐赠众筹最古老的形式了。就现代社会而言，一些免费软件、开源软件所提供的"捐赠"链接可以说是较早出现的捐赠众筹形式。

**(2) 产品众筹**

又称回报众筹，即投资人对项目或公司投资以获得其项目所生产的产品（实物或服务）。产品众筹一般是预售类的众筹项目，如电影众筹的电影票、硬件众筹开发的智能产品等。

**(3) 借款众筹**

又称债权众筹，即投资人根据出资多少获得债权并在到期之后获得本金和利息。借款众筹的主要表现形式就是P2P贷款模式，投资人在P2P借贷平台上进行投资并获得一定比例的债权，并在未来获得相应的投资回报。

**(4) 股权众筹**

所谓股权众筹就是投资人在投资之后获得一定比例的股权，以股东身份获取投资回报。投资者在上市公司首次公开募股（IPO）时申购股票实际上就是股权众筹的表现形式，只是由于市场公开、投资人众多以及涉及的资金量巨大受到极其严格的监管。

### 2.2.3 众筹模式的发展机遇和挑战

2014年3月，联合光伏集团在股权众筹平台原始会发起了一个众筹项目，为建设一个太阳能电站筹资1000万元，投资人认购份额为10万人民币/份，每人最多一份，预计年收益率在6%左右。另外，该电站运营期为20年。

该项目采用了股权众筹方式，平台认证投资人可以通过指定的律师事务所办理相关手续，通过第三方支付平台将投资金额交由国家开发银行进行资金托管。众筹网负责资金筹集、认购人资格审核、协议文件签署，协助并负责向用户推广这种模式，国电光伏将全程负责电站的施工建设。一个月内，这个项目得到66名投资者的支持，预约金额1060万元。

这个项目的成功，标志着国内众筹模式已经进入新能源领域。虽然众筹的发展前景广阔，但是在发展的过程中还是会遇到很多问题与挑战，比如政策法规的限制、众筹的发展方向以及平台盈利模式等。

**（1）法律政策的不确定性**

法律风险是众筹行业面临的最大风险，由于众筹是面向公众的一种集资模式，很容易招来"非法集资"的嫌疑。

根据我国相关法律的规定，凡是未经有关部门依法批准或者借用合法经营的形式吸收资金，或者通过媒体、推介会、传单、手机短信等途径向社会公开宣传，承诺在一定期限内以货币、实物、股权等方式还本付息给付回报，向社会公众及社会不特定对象吸收资金的行为，都被认定为非法吸收公众存款或者变相吸收公众存款，要依法追究刑事责任。

违法行为的判定有一些明确的界定要素，在实际运营过程中，众筹平台要严格避开这些界定标准，比如投资方是否是特定的对象、是否进行了宣传推介以及人数是否超过 200 人，等等。

除此之外，我国的产权制度极不完善，而众筹是一种以产权权益划分为基础的筹资模式，所以这也限制了众筹的发展。知识产权保护意识的淡薄，也极大限制了国内众筹的发展，很多创意项目因担心被山寨而不敢出现在众筹平台。

由于众筹行为本身会涉及公众利益，所以短时间内政策以及监管力度很难放开，以至于很多众筹平台抬高了投资人门槛，逐渐脱离众筹的本质。随着国家对互联网金融的重视，未来，这些问题一定会得到解决。

**（2）众筹模式发展方向尚不明确**

作为一种新兴的互联网金融产业，众筹模式的发展方向尚不明确，很多众筹平台采用了实物和服务的众筹模式，比如 Kickstarter；还有一些会员式众筹平台，以提供会员服务为报酬，本质上与前一种一样；而真正

的股权类融资平台所占比例很小。

实物和服务类众筹模式投资者众，投资金额较小，众筹项目主要聚集在游戏、科技、设计领域，投资者是来自这些领域的发烧友，投资很大程度上是出于个人兴趣，而不是为了获取回报，这也就决定了该类投资的延续性和专业性较差，一般只停留在把创意变成产品的阶段，很难有后续运营。而且，很多项目之所以选择在众筹平台发起，除了融资之外，更重要的目的是推广宣传。

相对而言，股权类融资平台更为专业和成熟，这类平台的投资者大多是专业的投资机构或者个人，平台发布的项目比较成熟，成功率更高，项目后期一般以SPV的形式进行运作。但是，这种模式也有一个致命的缺陷，就是项目流失率高，如何将好的项目留在众筹平台，是这类平台努力的主要方向。

在传统的股权投资行业，最终融资成功的项目，差不多有一半直接被投资人锁定，不会在公开市场上出现；在公开市场出现的项目，又有大半通过创业者的人脉、投融资对接会、活跃的FA等方式解决投资；再剩下的项目，投资人拿不准会不会赚钱、应不应该投资，才会在众筹平台上出现，以"领投 + 跟投"模式来完成融资。

（3）盈利模式有待探索

国外众筹平台一般会选择向融资成功的项目收取5% ～ 10%的佣金，以此实现盈利。但在国内，收取佣金以后就很难吸引到好的项目，而且由于众筹金额普遍较小，即便收取佣金也难以盈利，所以国内众筹网站普遍采用免费模式，大都处于亏损状态。

收取佣金这条路行不通，众筹平台还可以寻找其他的盈利模式。比如，与初创期的创业项目合作，在企业发展的不同阶段，为其提供相应的专业金融服务，通过这种方式，众筹平台逐渐发展成初创企业孵化器。在整合资源的前提下，通过商业模式的突破来为优秀产品和企业提供完整的解决方案。对于垂直化的众筹平台，还可以根据各个项目的特点，在项目之外寻求收益，比如在娱乐项目之外进行衍生品运作，尝试在未来权益方面进行分成，等等。

## 2.3 互联网金融+P2P网贷

P2P借贷自古有之,这种非正规金融机构"个人对个人"的民间借贷模式十分常见,我们日常生活中向亲朋好友借款都属于P2P的范围。

2005年3月份,全球首家互联网P2P公司Zopa于英国面世,并以其迅速的发展吸引了大批效仿者,一时间P2P在欧美国家受到众多创业者的青睐。

经过几年的大浪淘沙,欧美国家的P2P市场格局逐渐清晰,德国的市场主要由Auxmoney控制,从2007年到2015年1月累计贷款规模达1.78亿美元。美国的市场被Lending Club和Propser控制,前者的累计交易规模达到18亿美元,后者的累计交易额也有5亿美元。作为P2P企业诞生地的英国,Zopa达成了4.7亿美元的累计交易额,面向小微企业的Funding Circle累计交易额也有1亿美元。欧洲其他国家的P2P市场也被少数几家公司所控制。

建立在网络平台之上的"点对点"P2P借贷模式最基本的组成要素有三个:借款人、中间平台、投资人(见图2-5)。

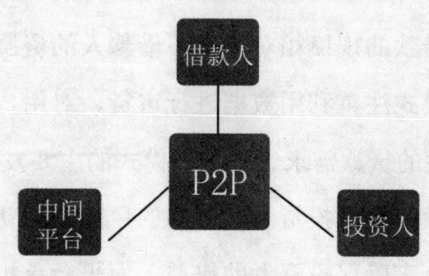

图 2-5 P2P借贷模式最基本的组成要素

在国外的 P2P 平台上借款人与投资人在网络上由平台协助进行沟通，促成双方达成交易，而且平台几乎不涉足其他中间业务，模式比较单一。

### 2.3.1 P2P 网贷的六大商业模式

国内的 P2P 行业在我国特殊的国情之下，根据当地地域特点和自身优势，在纵深领域有了更细的分化，产生了多元化的"P2P 借贷"模式（见图 2-6）。

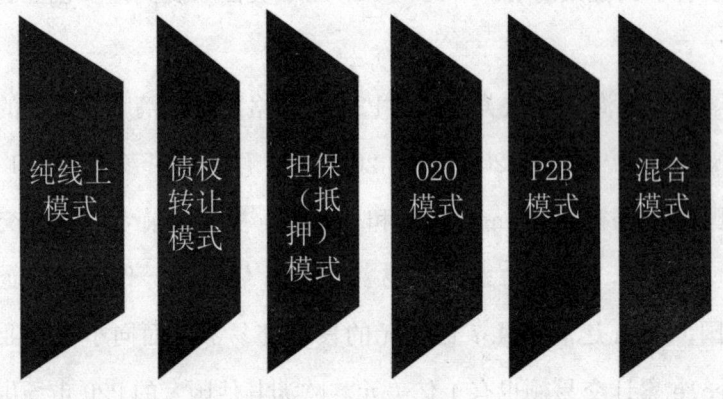

图 2-6 P2P 网贷的六大模式

**（1）纯线上模式**

平台上的投资者与借款人主要来自于电话及网络等非线下渠道，多采用信用借款模式，借款的规模相对较小，借款人的资质及信用审核主要通过网络手段。这一模式注重利用数据进行审贷，对用户群体进行了特定领域的细分，小额刚性的贷款需求者是这一模式的主要发展对象。

这种纯线上的模式要求投资人有较高的风险自担认识，平台会提供一定额度的风险保证金来确保投资者的权益。而平台承担的风险相对较小，

但在信贷的审核、流程等技术层面对平台提出了较高的要求。当前，纯线上的P2P网贷模式由于业务扩张上的限制发展得较为缓慢，平台的运营也比较吃力。

（2）债权转让模式

债权转让模式的显著特点是借款人与投资人之间有专业的中间放款者，同时，放款者为了缩短资金周转周期，一般会先用自己的资金进行放贷，再与投资人进行债权关系转移，收到投资人投资的资金后再进行下一轮的P2P借贷。

这种债权转让模式主要是以线下P2P借贷平台为依托，因此有人称这种模式为纯线下模式，借款人和投资者均通过线下渠道进行发掘，只有少部分的线下平台会利用线上渠道得到一些投资者。

但这种模式时常会因为资金规模巨大、信息公开程度极小而被人们质疑，而且一些平台借理财产品名义出让债权的行为也难免不让人怀疑是在构建资金池。

（3）担保（抵押）模式

担保（抵押）模式要求有第三方担保机构对借款进行担保，或者借款人用一定的资本作为抵押，本质上这种模式已经脱离了信用贷款的范畴。

该模式下投资者的风险与担保公司的实力及借款人所抵押的资本是否合适有很大关联。当然，抵押模式下较强的风险保障能力使得贷款的费用相对较低，吸引了众多用户。

但是由于该模式要引入担保公司和资本抵押环节，借款效率下降，影响了平台的收益。在引入第三方担保公司的前提下，担保公司是主要的风险承担方，所以担保公司的选择显得尤为重要，一些实力强的担保公司还会出现抢占P2P平台定价权，争夺平台利益的情况。

### (4) O2O 模式

该模式中存在着 P2P 借贷平台及借款人开发机构两个专门负责不同业务的中间机构，P2P 借贷平台主要负责开发投资人，借款人开发机构则要把大部分精力放在开发借款人群上。

流程主要是：小额贷款公司或者担保公司通过线下渠道寻找借款人，在借款人有借款意向后对借款人的资质进行审核，审核合格后把借款人推荐给 P2P 借贷平台，平台按自己的审核程序再对借款人信息进行审核，审核通过后将信息发布到 P2P 借贷网站上，等待线上投资者的投资。当然，小额贷款公司或者担保公司还要对贷款提供担保或者连带责任。

从该模式的流程中可以看出，完整的风险控制体系被分割开来，合作者将会面临潜在的道德风险，P2P 借贷平台与借款人开发机构的关联性与平台自身的风险控制能力将成为平台能否顺利运营的关键。

### (5) P2B 模式

该模式是一种企业向个人借款的模式，实际运营过程中为了有效减少一家企业同时向大量的个人借款所带来的风险，一般企业所借的资金会先借给公司的实际控制者，再由公司的实际控制者将资金借给公司。

当然，由于借款者为企业，必然单笔借款金额较高，小则几百万大则几个亿，所以必须有担保公司提供担保，借款的企业还要提供反担保。该模式对 P2P 借贷平台的企业资质调查、企业未来走向预测、风控能力等提出了巨大的挑战，稍有不慎上亿资本的借贷会使担保公司连同平台一起走向死亡。

### (6) 混合模式

还有为数众多的 P2P 借贷平台，在借款人、投资者以及第三方担保机构的业务划分上并不明确。一些平台在线上开发投资者，同时也在线下渠道开发投资者；一些平台既涉及信用贷款也涉足担保借款。

### 2.3.2 《指导意见》的出台对 P2P 网贷的影响

由于国内的 P2P 借贷平台处于受监管力度极弱甚至根本就不受监管的"野蛮生长"局面，一些有实力发展 P2P 借贷平台的投资者与企业因为政府的态度不明朗，一直处于观望状态。

鉴于此，2015 年 7 月 18 日，央行及十部委联合印发了《关于促进互联网金融健康发展的指导意见》，在第八条中对网络借贷的属性进行了明确界定：P2P 借贷平台属于信息中介的范畴，不得提供增信服务，不得非法集资。这一规定的正式发布使得 P2P 借贷行业的发展有了新的方向与发展动力，那些有实力的企业及个人可以投身于此行业，推进 P2P 行业朝着健康稳定的方向发展。

P2P 网贷 2007 年进入中国，很多专业人士对此行业的发展给予了高度评价，再加上国外 P2P 借贷平台的迅速发展，一些投资机构、银行、风投都进入这个领域。

服务于 P2P 网贷的网贷数据之家公布的数据显示：截至 2015 年 6 月底，国内 P2P 借贷平台的数量增至 2028 家，而且已经有 55 家网贷平台获得风投机构的投资。从 2007 年至 2014 年底，国内的 P2P 网贷平台累计规模已达到 2500 亿元。

但是在 P2P 网贷行业迅速发展的背后，一些弊端也显现出来，比如一些平台因管理者卷钱跑路，投资者的资金得不到赔偿的问题屡屡出现。因缺乏法律法规的约束和监督机构的监管使投资者蒙受了巨大的损失。

2015 年上半年，出现问题的 P2P 借贷平台数量已达 419 家（2014 年同期仅有 50 多家，全年有 275 家）。而从国内出现网贷平台以来到 2015 年 6 月底，出问题的平台数量累计达到 786 家，仅 6 月份就增加了 125 家。

十部委联合印发的《指导意见》明确规定了各个部门的权责，对新兴的金融行业进行了属性界定，推进金融行业朝着健康的方向发展。P2P 网贷行业也将面临重新洗牌，那些不能适应潮流发展的问题平台将会逐渐倒下，而创新发展的平台将会在行业的纵深领域迎来新的机遇，呈现出多元发展的新局面。

在下一步中国银监会（CBRC）出台具体的管理细则之后，相信目前存在的这几千家网贷平台将会有许多被淘汰。这次规定对 P2P 网贷平台不得提供增信服务的背后，并没有对在第三方担保公司或者保险公司加入的情况下提供增信业务做出明确规定，这或许会有新的机遇。

但是在本质上金融行业对专业水准的要求极高，需要有专业的机构和个人来进行风险控制，如果任传统的 P2P 网贷平台模式发展下去，这种由普通老百姓决定金融风险定价权的机制，将难以避免金融诈骗等事件的发生。

## 2.4 互联网金融+房地产

对于互联网金融来说，融入人们的日常生活是一件轻而易举的事，而在人们生活中最大额度的金融交易就是房产的交易。因此"互联网金融+房地产"就成了资本竞相争夺的焦点。资本一旦锁定房地产市场，必定会开创出种类丰富的商业模式。

### 2.4.1 "互联网金融+房地产"的五种模式

从2015年开始，诸多众筹和P2P平台与远洋、万达、银泰等地产巨头联手推出各种"互联网+房地产"产品（见图2-7）。

互联网金融与房地产的融合发展，主要得益于P2P平台和众筹平台的支撑，P2P平台主要为其提供相应的贷款，而众筹平台相对来说有更多的玩法，可以利用众筹平台集资建房、买房或者通过房屋出租获得一定的收益。

图2-7 "互联网金融+房地产"的五种模式

**（1）P2P+ 购房者 + 开发商：降低购房门槛，满足更多人的购房梦**

在"房地产+P2P"模式中，房屋抵押贷款是比较成熟的业务模式，除此之外，首付贷、赎楼贷以及租金收益权产品等也是比较流行的业务模式。

首付贷是伴随 P2P 行业发展而来的一种贷款类型，在房地产市场，大多数住房按揭贷款的首付大约占到房屋总价的 30% 以上，而这高比例的首付款也打破了很多人的购房梦，而首付贷可以帮助购房者提供足够的资金来支付首付款，满足了众多消费者的短期贷款需求。

零壹财经研究院调查的数据显示，2014 年，主要 P2P 平台上的首付贷业务规模已经达到了 5 亿元，平安好房、搜房天下贷、搜易贷、房金所等 9 家平台已经开始面向客户推出首付贷产品，预计首付贷市场的总容量约为 292.8 亿元，因此，首付贷业务仍然有巨大的发展空间（见图 2-8）。据估计，未来国内整个房地产销售额能达到 10 万亿左右，假设只有 5% 的人有首付贷需求的话，也依然是一个巨大的市场。

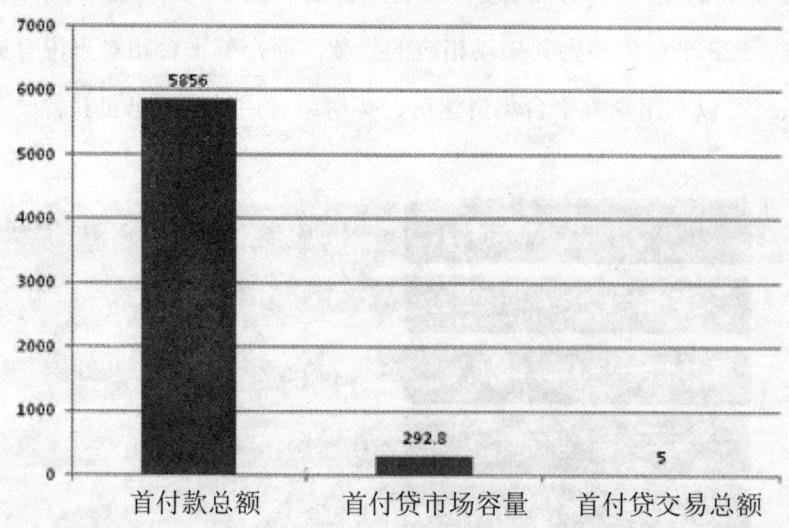

图 2-8 2014 年首付贷市场容量统计（单位：亿元）

**（2）众筹平台+开发商+投资人：重点在于理财**

有的众筹平台推出了房产的众筹项目，比如集资购房、卖房赚差价等，众筹平台直接与房地产开发商取得联系，按一定的折扣价从开发商那里预订一定数量的房源，利用在众筹平台募集的购房资金进行购买，同时将购买的房产交给第三方房产托管公司代为管理，由众筹项目的参与者来共同决定如何处置房产。如果参与者都同意出售房屋，那么房屋成功出售之后，参与者会根据出资比例对房产出售所获得的款项进行分配，超过出资部分的金额即为投资收益。

这类产品一般是建立在看涨房价的预期基础之上，它有一个比较有趣的名字——"线上炒房团"。这类产品由于对市场价格变化比较敏感，因此也存在较大的风险。

**（3）众筹平台+开发商+购房者：重点在于营销**

在"众筹平台+开发商+投资人"玩法中，买家在其中发挥了重要作用，只有房子卖出去之后，筹资人才能获取一定的收益，但是买家的出现并不是确定的，这种玩法需要付出较高的机会成本，因此很多众筹平台都选择有购房意愿的人作为筹资人。

比如在一个众筹平台的众筹项目中，约定在预定的时间里，平台将会针对众筹房源开展竞拍活动，所有投资者都可以参与到竞拍活动中去，起拍价为众筹资金的1.1倍，出价最高的投资者能够获得购房资格，而交易溢价就是一种投资收益，这种方式减少了出售的不确定性，提高了众筹的成功率。

对开发商来说，这种众筹方式能够帮助其实现产品快速销售，减少库存，虽然在众筹中会有一定的让利，但是同时也为开发商降低了营销成本，这对于众筹平台和开发商来说是一种双赢的模式。

### （4）购房者+开发商：众筹建房

为了满足消费者日益个性化的需求，有的企业开始发起众筹建房项目，购房者可以参与到整个建房的过程中去，获得心理上的满足。

市场上也出现了一些案例：项目发起人利用微信等传播渠道向世人公布集资建房项目，申请人递交申请表，在经过审核之后只需要缴纳100元订金就可以进入购房微信群，微信群中的成员共同商讨、决定项目的设计、户型以及价格等，从而打造一个众筹家园小区。在小区设计的初步方案中，房价在6000元/平方米以内，房屋的面积有88平方米、93平方米、110平方米三种，成员在购买的时候可以办理相关的银行贷款，每位限购一套，房价低于市场平均水平。

但是从目前的市场状况来看，众筹建房项目也遇到了很多挑战，主要表现在：拿地难；相关的证照手续难办；不同个体的利益难协调；成本难控制。

### （5）P2P+商业地产开发商+投资人：权益类投资

上述四种"互联网金融+房地产"模式主要是针对住宅，而今也出现了一种"商业地产+互联网金融"的模式，在这种模式中投资人获得的是开发商旗下购物中心的租金收益。

具体操作过程是这样的：互联网金融平台成立相关联的商业保理公司，开发商对旗下购物中心内的品牌商进行筛选，并将已经形成的应收租金交给保理公司，保理公司将其包装成有固定期限的理财产品转让给平台上的投资人，开发商为投资人的投资提供相应的担保。

## 2.4.2 "互联网金融+房地产"的价值

"互联网金融+房地产"是在P2P和众筹平台的支撑下发展起来的，

这种模式对于借款人、投资人或者开发商来说具有哪些意义,又会创造哪些价值?

**(1)对投资人来说**

在筹资建房和筹资买房等众筹项目中,投资人可以通过房屋的出售来获得一定的溢价,这等于帮助大众投资人降低了"炒房"的门槛,同时也为投资人开辟了一种新的投资途径。

"互联网+金融房地产"的出现丰富了房地产市场的借贷产品,投资人可以利用这些借贷产品获取一定的收益。比如市场上出现的首付贷的借款利率基本保持在9%左右,而投资人能获得的利率大约在11%,由开发商负责其中2%的差价,并为投资者的投资提供相应的担保。投资人的收益主要来自于借款人和开发商,而开发商提供的一部分让利则由部分购房者承担。

**(2)对购房者来说**

购房者可以通过P2P借贷和众筹方式获取一定的收益:

①各种借款产品的出现,帮助购房者解决了首付的问题,降低了购房的门槛,让越来越多的人敢做买房的梦;

②购房的众筹项目,开发商会给予一定的让利,让购房者可以用低于市场20%～30%价格买到房子,切实享受到优惠;

③在众筹建房项目中,购房者可以参与到整个建房的过程中,参与房屋的个性化设计、户型的设计以及价格的确定等。

至于众筹建房到底能让房价降多少,很多人专门就这个问题进行过讨论。众筹的目的就是降低房价和营销成本,因此一般情况下房价能够下降20%左右。

**(3)对开发商来说**

①开发商利用P2P项目或者众筹项目,可以促进房产销售,有效解决

库存的问题，而且通过这种方式还能节省一大笔营销费用；

②"众筹建房"模式可以帮助开发商减少融资所耗费的人力以及资金成本；

③众筹建房可以帮助开发商缓解资金方面的压力，实现资金的快速回笼；

④众筹建房让更多的购房者亲身参与到房屋的设计中去，可以满足其个性化的购房需求，同时开发商可以针对购房者建设相应的服务社区，使房地产行业的商业链条逐渐丰富。

虽然"互联网金融＋房地产"领域出现了多种模式，但是其创造的新价值主要体现在降低房地产行业投资门槛，同时帮助开发商缩减营销和资金成本压力。而购房者的个性化需求并未得到充分满足，"互联网金融＋房地产"在发展过程中也遇到了很多的问题。

这一方面是因为开发商需要在各类模式中提供相应的补贴和担保措施，因此开发商也承担了较大的风险；另一方面，"互联网金融＋房地产"在目前发展中主要是满足阶段性需求，还没有实现更多的突破，从而也就难以驱动"互联网金融＋房地产"发展到更高的阶段。

众筹建房模式对于开发商和购房者来说解决了不同的需求，今后在适度控制风险和完善运营中，特别是面对房地产领域的占库存压力，将有一些积极的途经探索，创造出更多的发展空间。

## 2.5 商业案例：UPS 的物流金融模式

### 2.5.1 UPS 物流金融模式的发展

联合包裹运送服务公司（United Parcel Service，简称UPS），起源于吉姆·卡塞于1907年8月在西雅图创立的美国信使公司，后总部迁至亚特兰大。经过百余年的发展，UPS 由一家信使公司发展成了如今拥有300多亿美元资产的大公司，是世界上最大的包裹快递公司，也是专业的运输、物流、资本和电子商务服务的顶尖供应商。

20世纪90年代，UPS 因推出供应链解决方案而备受关注。供应链解决方案是一个流线型组织，为客户提供货物配送、全球货运、金融服务、邮件包裹服务和业务拓展咨询等一揽子服务方案，从而实现了货物流、信息流和资金流的"三流合一"。在该方案形成过程中，其物流金融发展模式堪称典范，被业内广泛认同和学习。就当前来看，物流金融服务已成为UPS 和其他国际物流公司（如马士基）的第一利润来源。

下面主要介绍 UPS 物流金融的发展历程，为国内物流企业提供借鉴。

UPS 经过长达十年的时间，通过两个发展阶段，才把金融资本真正融入到物流产业资本之中，实现了物流金融的引入（见图2-9）。

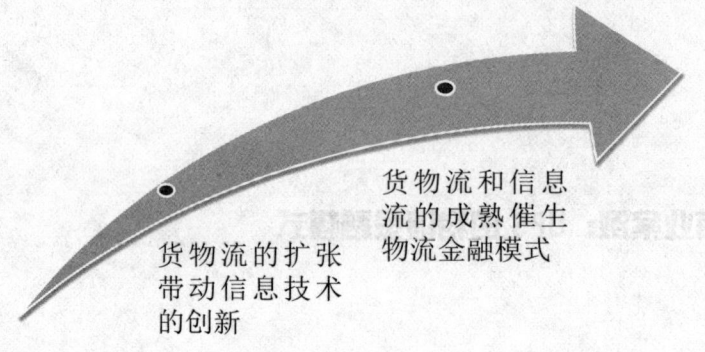

图 2-9 UPS 物流金融引入的两个阶段

**（1）第一阶段：货物流的扩张带动信息技术的创新**

截至 1993 年，UPS 每天为 100 万个固定客户递送 1150 万件包裹和公文。繁重的工作量使 UPS 必须依靠不断的技术创新来提高效率，以获得价格和服务上的竞争优势。从 1986 年到 1996 年的十年间，UPS 用于技术改造和创新的投入达到 45 亿美元，创新内容包括手持传递信息获取设备（DIAD）、专业化设计的包裹快递设备、全球计算机互联网系统和专用卫星等各个方面。

以 DIAD 为例，它由 UPS 的驾驶员使用，能够存储包括收货人签字的照片在内的各种信息。一方面，这一专用设备能够即时记录货物传递的动态信息，并将其传到 UPS 的网络系统中，以便发货人随时了解货物运输的最新状态。另一方面，UPS 的驾驶员也能够利用 DIAD 与总部远程联系，能在送货计划、交通路况和其他重要信息变更后也保持实时一致。

正是通过上述信息技术的创新，UPS 实现了货物流与信息流的结合，为物流金融模式的发展成熟提供了坚实的物质基础和技术保障。

**（2）第二阶段：货物流和信息流的成熟催生物流金融模式**

到 20 世纪 90 年代末，UPS 的核心业务已经在业内处于领先地位。不过，

公司高层敏锐地感觉到了单一物流运作模式带来的不足:无法为企业的持续性发展提供长久动力。

因此,在广泛的市场调研基础上,UPS为未来的发展进行了精准定位和规划:顺应未来商业社会最重要的"全程供应链管理"趋势,成为"全程供应链主",并以此作为企业未来发展的原动力。之后,UPS通过调集核心资源、战略性重组公司等方式,并利用在货物流和信息流方面已有的优势,最终形成了完整的供应链解决方案。

1995年成立的UPS物流公司,通过提供物流解决方案和咨询服务,来满足客户的个性化需求;1998年成立的UPS资本公司,以金融产品服务促进客户成长,为客户处理资金流动与管理,成为供应链解决方案的"金融臂膀"。

1999年11月10日,UPS在纽交所挂牌上市,首次公开募股(IPO)。上市后的UPS,在资本层面进行了一系列的兼并收购活动。如2001年5月,UPS并购了美国第一国际银行(First International Bank,简称FIB),并将其纳入到UPS资本公司(2003年正式更名为UPS资本商业信贷)。通过资本层面的并购,UPS实现了资本运作能力的提升和物流金融模式的发展。

2002年,UPS成立了UPS供应链解决方案公司,将公司的业务范围拓展至零担货运、航空运输、国内贸易服务、报关、金融等领域,拓展了UPS的战略布局,并最终形成了以"物流、金融、供应链咨询"为核心的全方位第四方物流管理体系。

UPS物流金融模式主要是通过内设金融机构的方式稳步引入的。比如,作为UPS资本公司重要组成部分的UPS资本商业信贷,主要为客户提供信贷、贸易、资金的管理等金融解决方案。

通过内设金融机构和战略性的扩张,UPS实现了物流、信息流和金融流的"三流合一",并最终形成了以四大部门为支柱的供应链解决方案(见图 2-10)。

图 2-10 UPS 供应链解决方案的四大支柱

UPS 包裹快递公司:负责快件运送等 UPS 的传统业务。

UPS 物流公司:通过设计、管理和重塑供应链的相关部分,提供供应链和电子商务服务。比如货物运输服务、电子商务物流、全球服务和供应链管理等。

UPS 资本公司:主要负责内部和外部金融服务,包括 COD(Cash on Delivery,货到付款)增值服务、设备租赁、电子发票与支付、全球贸易金融、保险等。

UPS 零售:2001 年,UPS 通过收购 Mail Boxes ETC(MBE)的方式,增加了零售服务业务,负责 UPS 零售实体的监管运作。2003 年,MailBoxes 全美连锁店更名为"UPS 营业店",使 UPS 的信息端全面延伸至社区。

## 2.5.2 UPS 物流金融体系及优势

(1) UPS 资本公司的物流金融体系

物流金融体系是UPS供应链解决方案中至关重要的一环。通过内设金融机构等方式，UPS实现了物流金融模式的稳步引入。在对FIB等公司进行兼并重组的基础上，UPS成立了UPS资本公司，并开创性地赋予金融服务提供商新的职能。

通过了解客户目标、运作策略以及供应链结构，UPS资本公司为中小企业提供信贷、保险等金融解决方案服务，实现了对传统物流业务的拓展和供应链解决方案的多元化，创造出了更多的利润空间。

① UPS新型物流金融体系的四个关键区域。

UPS资本公司包括了传统和非传统的金融服务解决方案，主要集中在四个关键区域（见图2-11）。

图2-11 UPS新型物流金融体系的四个关键区域

加强现金流：COD增值服务，基于资产的贷款，设备租赁，UPS资本Visa白金商务卡，商人服务计划。

管理贸易风险：货物保险，COD安全，信贷保险，弹性包裹保险。

国际贸易：应收账款管理服务，出口运作资本，出口信贷代理金融，商务信用证。

小额商业信贷：SBA（U.S. Small Business Administration，小企业管理局）7（A）计划和SBA504计划，SBA专业贷款，特许权融资，商务

购置，商业建设贷款，商业抵押贷款，循环贷款等。

②增值服务 VS 垫资服务。

增值服务：2005年，UPS将FIB改造成UPScapital（金融UPS部门），为其物流金融增值服务准备了条件。UPS资本公司作为中间商，连接起大型进口企业和小型出口商，并为他们提供资金流服务。这种物流金融服务，一方面增加了企业资金周转效率，另一方面也通过赚取手续费为UPS创造了更多的利润。

首先，UPS在收货两周内会先把货款预付给出口商，使这些中小型出口商及时得到现金流。然后，UPS通过自己的内设金融机构（UPScapital），与大型采购企业进行一对一的结算。而一直在UPS手中的货物，既可以作为给出口商预付货款的抵押物，又可以规避进口商赖账的风险。

垫资服务：UPS为发货人承运货物时，会代提货人预先垫付一半的货款，而提货人取货时则需要交付给UPS全部货款。这样，在UPS将余款交付给发货人之前，就产生了一个资金流动的时间差，也即资金交付前有一个沉淀期。这个沉淀期为UPS的资本运营提供了可能，比如将这一笔不用付息的资金贷款给其他客户或与物流业务相关的主体。通过这种方式，UPS实现了紧密服务于业务链的资本运营和利润增值。

③UPS资本公司物流金融优势。

当前的物流企业已不再满足于仅仅做一个"搬运工"，只是负责货物的运送流通。他们希望通过物流金融模式，越来越多地介入到客户的供应链管理之中。

从本质上来看，UPS以产业资本为主导的物流金融模式，相对于以金融资本为主导的物流银行（即Logistics Bank，全称是"物流银行质押贷款业务"），在风险的可控性、融资的便利性以及货物的变现等方面更具优越性（见图2-12）。

图 2-12 UPS 资本公司物流金融的三大优势

降低银行风险。对于物流银行来说，与买卖双方接触很少，一旦由于各种原因（自身的失误、买卖双方的合谋性欺骗等）在信用评估方面出现失策，就可能让自己陷于财货两空的困境之中。在以产业资本为主导的 UPS 物流金融系统中，UPS 对进口商和出口商的经营和信用状况都相当的了解，信用评估更为安全可靠。而且，在为企业提供金融服务过程中，货物一直在 UPS 手中，这就有效降低了由于买卖双方失信造成的风险。

融资快速方便。对于物流银行而言，出口商必须凭借货物装运单据才能获取银行的预付货款。而 UPS 的物流金融模式，在产品装箱时就向物流客户预付了货款。这就大大提高了商贸公司的资金周转率，使企业融资更加简便快捷。

货物易于变现。不论是物流银行业务，还是 UPS 物流金融系统，都会遇到为了实现债权而对货物进行处理（即货物变现）的现象。一般来说，专业金融机构由于没有与商品市场直接沟通联系的渠道，也缺乏进行商品贸易工作的相关经验，常常会在变现过程中遇到诸多难题。而像 UPS 这样专业化程度很高的物流企业，对于商品市场和买卖双方都十分了解，这使得他们在对质押物进行处理时更加方便容易，从而有效控制了因债权风险带来的资金流转问题。

（2）UPS 启示录

①物流银行，是指"商业银行以市场畅销、价格稳定、流通性强且符合质押物品要求的商品质押作为授信条件，运用物流商的物流信息管理系

统,将商业银行的资金流与物流商的物流有机结合,向客户提供集融资、结算等多项服务于一体的综合服务业务"。从本质上来说,"物流银行"是物流产业本身资本不够发达的产物,是以金融资本为主导的中间形态。

②不同于借助商业银行等专业金融机构进行的金融服务,物流金融是一种以物流产业资本为主导的业态形式,是物流产业资本高度发达以后对金融资本需求的反映。这种物流金融模式通过内设金融机构的方式,可以更好地为商贸企业提供融资或者其他金融服务。

③一般来说,中小型的进出口企业对资本周转和融资等问题更加敏感,也更具依赖性。物流金融模式通过内设金融机构,并将其作为物流企业的一个职能部门,为客户特别是中小企业提供专门的金融服务,有效解决了中小企业在资金周转和融资等方面的问题。

④需要注意的是,物流、信息流和资金流的"三流合一",是以完善的法律体系、良好的信用环境和发达的资本市场为前提的。而就当前中国的情况来看,上述三个条件仍需进一步完善。

UPS进入中国市场后,也将物流金融业务带入到了中国。这一方面为当前国内新兴的"物流银行"业务进一步发展指引了方向;另一方面,也要求国内的物流企业根据实际国情(在中国,银行还不能被物流公司收购;非金融机构也不能提供金融服务),对UPS的物流金融模式进行符合本土环境的创新,以实现我国物流行业在金融产品服务方向的拓展,构建出自己的供应链解决方案。

# 第3章

## 变局 VS 重生:
## 传统银行的金融转型

## 3.1 传统银行业的发展现状、挑战及转型

自李克强总理在 2015 年《政府工作报告》中提出"互联网+"行动计划以来,"互联网+"就迅速向各个领域广泛渗透,同时国家和政府也为"互联网+"的发展给予了高度重视和重要支持。

而"互联网+"在传统银行和金融服务行业的应用,正在将传统与创新各自的优势结合起来,从而开创出一种更便利、实惠的金融服务。

### 3.1.1 银行业的发展现状

五大国有银行发布的 2014 年年报显示,从整体来看,五大银行在存储资金以及赚钱能力上依然有相当强的实力,但是净利润的增长速度较前些年已经有所减缓。2014 年,五大国有银行的净利润总计为 9273 亿元,平均日赚达 25.4 亿元。在五大银行中,工商银行的总利润远远超过其他几家银行。

工商银行发布的业绩报告显示:2014 年净利润达到 2763 亿元,稳居五大银行榜首。建行以 2282 亿元排在第二位,农行排在第三位,净利润为 1795 亿,中行排在第四位,净利润为 1772 亿元,交通银行则以 658 亿元排在最后一位。整个银行业的"总成绩"虽然看起来仍然是高不可攀,但是从增长速度上来看,五大行在 2014 年的净利润增速已经全部放缓。

其中,工商银行作为最能赚钱的银行,净利润的增长速度同比仅增长

了 5.1%，与 2013 年 10.2% 的增速相比，增速明显下降，而建行、农行、中行以及交行，净利润的增速分别是 6.10%、8%、8.22% 和 5.71%，都出现不同程度的下降。在不良贷款方面，五大银行的不良贷款率均有所提升，都突破了 1%，而农行的不良贷款率最高，达到 1.54%，不良贷款的余额为 1249.70 亿元，较 2013 年增长了 371.89 亿元。

五大银行净利润的增长速度之所以减缓，主要有三方面的原因：

①在经过多年的发展和积累，银行的利润基数已经相对较大，因此相对应的净利润也就难以呈现高速增长，比如工商银行在 2014 年的净利润就相当于其 2000 之后八年的累计利润。

②随着科学技术水平的不断提升，金融行业也加快了改革的速度，利率市场化的进程也在加快，同时互联网金融等创新商业模式的出现也冲击了传统金融行业，在激烈的竞争面前，银行的利润必然会受到影响。

③央行采取的降息政策以及对存贷款利率浮动区间的调整，也会影响银行的盈利，银行是以收取存贷息差作为主要盈利方式的，而央行的降息政策以及对利率的调整则会压缩这一利润空间，从而造成了整个银行业利润增速的下降。

## 3.1.2 银行业遭遇的挑战

每一个行业在发展过程中都会遇到机会，同时也会遇到挑战，就算是背后有政府撑腰的银行业也一样。国家对银行虽然给予了众多的政策红利，但银行仍然会遇到一些意想不到的阻碍，其中包括在推进利率市场化进程中遇到的困难，以及互联网金融的发展给传统金融行业带来的冲击等（见图 3-1）。

图 3-1 银行业遭遇的三大挑战

**（1）在加速推进利率市场化进程方面**

央行在 2015 年 5 月 10 日发布报告称将于 2015 年 5 月 11 日起，下调金融机构人民币贷款和存款的基准利率，一年期贷款基准利率下调 0.25 个百分点至 5.1%；一年期存款基准利率下调 0.25 个百分点至 2.25%，此外银行还将结合利率市场化改革，将存款利率浮动区的上限从存款基准利率的 1.3 倍调整到了 1.5 倍，存款利率的浮动水平进一步提升，从而使股份制商业银行成为国有银行有力的竞争对手，而央行这一政策的推出对商业银行来说是一个利好政策，能够让其获得相对比较公平的竞争机会。

**（2）在互联网金融方面**

商业银行借助互联网不受时间和地域限制的优势，实现 24 小时营业，同时利用互联网技术在移动端推出了 APP，利用其便利、快捷的特点吸引消费者。商业银行正在利用互联网优势追赶银行界的大佬们。

**（3）在第三方支付方面**

随着互联网的发展以及各种移动端产品的开发，在支付领域已经出现了专门为个人提供服务的支付宝、财付通等支付平台，现在专门为企业资金流转提供服务的"企业支付"也获得了较快发展，填补了支付市场在这一领域的空白。截至 2015 年 4 月，获得第三方支付牌照的企业已经达到 270 家，而且支付市场也逐渐细化。

此外，P2P 也进军传统的银行借贷业务，截至 2014 年底，P2P 累计成交量已经突破 3829 亿元，月均增长 10.99%，并且依然保持着较快的增长速度。

### 3.1.3 传统银行的互联网金融转型

在互联网的冲击下，传统银行业也开始进行变革，2015年3月，工商银行发布互联网金融品牌"e-ICBC"及一批主要产品，正式迎战互联网金融所带来的冲击。

事实上，早在一年前，工商银行便开始布局"融e购"电商平台，这也是工商银行在互联网金融领域的第一次尝试。该电商平台上线一段时间后，注册用户达到了 1600 万人，累计交易金额超过 1000 亿元，融e购凭借这一成绩进入国内十大电商的行列。很快，其他国有银行也陆续上线了自己的互联网品牌，试图重新夺回在金融领域的市场份额，恢复之前的荣耀。而与此同时，中小银行则开始通过互联网直销模式打破原有的格局，意图抢占更多的市场份额。

直销银行，是在互联网时代利用互联网的优势建立的一种新型银行运作模式，这种模式的应用不仅突破了时间和地域的限制，同时也打破了原有的业务运作模式，用户只要使用手机或网站就可以获得相应的银行产品和服务，更加快捷、方便。包商银行、兴业银行、民生银行、南京银行、上海银行、江苏银行等都已经推出了自己的客户端，并通过客户端为客户提供相关的金融服务。

其中民生银行直销银行的客户数已经超过了 100 万。银行的直销业务包括票据承兑、保理业务、P2P 业务等。而直销银行利用互联网成本低以及无时间、地域限制的优势，得到快速成长。互联网的发展创造了公平竞争的环境，让商业银行、中小银行能够有机会与银行大佬们同台竞技。

## 3.2 网络银行的颠覆：互联网金融新模式

### 3.2.1 浙江网商银行：颠覆传统银行模式

随着"互联网+金融"模式的盛行，电商巨头也纷纷试水金融业，先后出现了P2P网贷、京东白条、支付宝"花呗"等。随后，阿里巴巴旗下的浙江网商银行与腾讯旗下的"前海微众银行"获得民营银行牌照。与传统银行相比，网络银行可以通过互联网提供的大数据审核用户信用，简化贷款手续，提高工作效率。

2015年6月25日，中国首批民营银行之一——浙江网商银行正式宣布成立。作为互联网金融的实践者，阿里巴巴早在2014年9月底就已获得由中国银监会批准的民营银行牌照，网商银行是由阿里旗下的蚂蚁金服、复星集团、万向、宁波金润、杭州禾博士和金字火腿等六家股东发起设立的，注册资本40亿元。

2013年11月，阿里巴巴整合旗下所有资源，推出被称为"聚宝盆"的金融云服务，为银行、基金、保险等金融机构提供信息资源和互联网平台服务。而网商银行则是基于金融云的强大平台成立的，利用金融云提供的银行核心系统，增强网商银行处理海量数据的能力，通过互联网平台为更多的小微企业提供贷款服务。

网商银行利用互联网平台提供的数据和渠道，扩大服务的范围，力求公正、平等、切实、有效地为小微企业提供资金支持，以实现普惠金融的目标。

**（1）服务小微企业，不做 500 万元以上的贷款**

网商银行自成立之初，就以服务小微企业为宗旨，并且不做 500 万元以上的贷款，避免出现"二八定律"的不公平现象，追求的是为客户提供个性化、差异化的服务。小微企业贷款，通常追求的是"即贷、即到、即用"，而传统的银行贷款则要经过繁琐的程序以及较长时间，容易使小微企业错失商机。此外，传统的银行贷款业务灵活性也较差，无法满足小微企业的需求。

互联网的发展，为网商银行的出现奠定了基础，使小微企业"随时、随地、随心"的贷款需求得到满足。当小微企业在发展过程中需要资金支持时，通过移动互联网客户端就能够轻松贷款，方便快捷。此外，网商银行还具有提前还款的功能，提高了资金周转的速度，从而又增加了贷款的灵活性。

**（2）技术与数据驱动平台化运营**

互联网的发展为网商银行提供了技术支持，云计算、大数据、移动互联网等也构成了网商银行的数据和平台基础。网商银行凭借先进的技术和超强的数据能力，为小微企业提供个性化的贷款服务，以互联网为服务平台，不设营业网点，没有柜台，所有资金交易都通过电子账户完成。此外，网商银行的"轻资产、交易型、平台化"经营模式，也降低了运营风险。

轻资产，又称轻资产运营模式，指企业借助于互联网发展核心业务，而将非核心的业务外包出去，不立足于规模的扩大。而交易型则指的是不片面追求经济利益，而是通过互联网加快运转速度，提高资本的利用率。

平台化的经营模式是基于互联网的发展而逐渐得到认可的，各大金融机构开放共享用户的数据信息，共同抵御风险，进而为用户提供更优质的贷款服务，构建开放、有序、共享的生态系统。

目前,浙江网商银行已实现"同城双活",如果一个机房出现故障,可以自动切换,并计划建设异地控灾系统,实现"异地多活"。浙江网商银行在成立之初,就有 300 多名员工,其中技术与数据人员占比约 2/3。

在未来,浙江网商银行将与有着多年借贷经验的蚂蚁小贷的大数据风控体系融合。蚂蚁小贷主要通过大数据风控体系为小微企业和普通消费者服务。自 2010 年起,蚂蚁小贷已经为 160 多万家小微企业和个人创业者提供了超出 4000 亿元的资金支持,整体不良率低于 1.5%。

在"轻资产、交易型、平台化"的运营思路指引下,网商银行最终将形成"小银行、大生态"的格局,为小微企业、普通消费者提供借贷服务。

### 3.2.2 网上银行的优势

面对互联网时代的产物网上银行,用户该如何利用呢?首先应看看网上银行的优势(见图 3-2)。

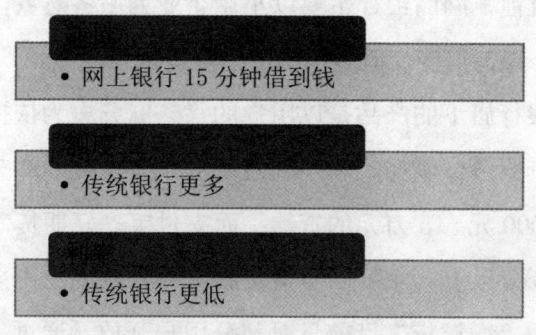

图 3-2 网上银行 PK 传统银行

**(1)速度:网上银行 15 分钟借到钱**

消费者在向银行等金融机构贷款的时候,最先考虑的是速度,也就是"即贷、即到、即用"。

但是,传统银行的信用贷款需要耗费很长时间。例如招商银行,消费者的信用贷款至少需要 5～10 个工作日的审批时间,而放款时间,则视各地分行的具体情况而定。其他银行的贷款审批时间至少也需要3个工作日，放款时间则需要5个工作日。

随着互联网的出现，信用贷款的时间逐渐缩短，为消费者提供了更为便捷的普惠金融服务。2014年12月12日，深圳前海微众银行获得了由中国银监会批准的民营银行牌照，其旗下的"微粒贷"具有"无抵押、无担保、随借随还、按日计息"的特点。在2015年5月上线一个月后，"微粒贷"已经为消费者提供了5亿元的贷款。

贷款用户只需进入QQ钱包中的"微粒贷"服务，输入支付密码，选择借款金额，输入身份证以及银行卡号等，就可实现7×24小时的即时贷款服务，整个流程最多只需15分钟，少的一两分钟即可完成。消费者向浙江网商银行贷款所花费的时间也非常短，基本能够实现"即时入账"。

（2）额度：传统银行更多

除了速度是借贷人关注的因素之外，借款的数额也是借贷人关注的一个核心因素。目前，网商银行主要以小微企业为服务对象，贷款额度上也较传统银行少，无需担保，但更依赖于借贷者的信用度。

浙江网商银行旗下的产品是以用户的"芝麻分"为依据，向用户提供不同级别的放贷服务。例如，用户的芝麻分只有达到600分以上，才可以申请"借呗"1000元～5万元的贷款；而支付宝"好期贷"则需要用户的芝麻分达到666分以上，才可以申请贷款，并且额度也不能超过5万元。腾讯公司旗下的"微粒贷"目前只对部分用户开放，通过"白名单"选出符合要求的微众和腾讯内部员工。18～45岁年龄段的符合要求的用户，可以通过QQ钱包或者微信钱包实现贷款，贷款额度在500元～20万元之间。

网上银行和传统银行相比，各有优劣。网上银行的贷款速度快，但是贷款额度小；而传统银行的审批程序复杂，所耗时间长，但贷款额度大，可达50万元。

（3）利率：传统银行更低

"利息"是借贷人考虑的第三个因素。如果借款速度快，可以即贷即用，并且贷款额度高，但如果利息过高，借贷人则要三思而后行。因此，借贷人在贷款之前，会通过多种渠道了解产品的利息，而网上银行的优势在这一方面不太明显。

目前，微众银行推出的"微粒贷"日利率为0.02%~0.05%，折合成年利率为7.2%~18%。"微粒贷"的日利率相当于优质客户从银行贷款的利率，而年利率则相当于银行信用卡透支款项的通行利率。与"微粒贷"相比，支付宝"借呗"的日利率为0.045%，最长还款期限为12个月。但是"借呗"的年息和日息采用不同的算法，提前还款采用日息算法，12个月分期付款采用年息算法。支付宝"好期贷"的年利率为17.8%，贷款期限有3个月、6个月、12个月，用户可依据实际情况自行选择，随时还款，采用等额本息的还款方式。

工行的个人信用贷款期限为1年，利率在基准利率基础上上浮30%。2015年3月1日，央行下调相关基准利率，其中短期贷款的基准年利率为5.10%，在上浮30%后，利息仍比网上银行少。招行的个人信用贷款条件要求高，但是年利率大约为10%，也在低位。而广发银行的放款时间为5个工作日，年利率13.2%，总额度有效期为5年，单笔期限不超过3年，性价比也较高。

那么，面对网上银行和传统银行，消费者该如何选择呢？从贷款审批时间、放款时间来看，网上银行的流程简单，高效、便捷。但从贷款额度以及利率上看，传统银行的贷款额度更高，利率更低，性价比更高。此外，为了吸引更多的小微企业，传统银行也推出了"企业贷"产品，年利率低于10%。消费者可根据贷款期限、金额以及紧急程度等综合考量，选择性价比最优的贷款方式。

## 3.3 传统银行的反击：线上直销+线下社区

近两年来，随着互联网在金融领域的渗透，涌现出一大批互联网金融平台，广大投资者在参与互联网金融的过程中拥有了更多的选择。互联网金融在融入人们的生活时，会让人们的习惯及资金流转方式发生巨大变化。

有人将互联网金融比喻成"站在银行门口的野蛮人"，因为它正在以不可阻挡之势抢夺银行的客户，侵占传统金融机构的领地。作为传统金融机构的领军人物，传统银行应该如何应对互联网金融所带来的冲击，保住自己的客户和领地？

### 3.3.1 互联网金融对传统银行的威胁

互联网金融的表现形式多种多样，主要有：金融互联网化、移动支付和第三方支付、互联网货币、P2P网络贷款、众筹融资、综合金融平台基于大数据的征信和网络贷款等。其中影响最大、发展较为成熟的是第三方支付和P2P网络贷款，它们对传统银行的影响和冲击主要有以下几个方面：

①隔断了银行与终端客户之间的直接联系，导致银行客户分流，银行被电商前台后端化；

②越来越多的普通客户开始利用第三方或者P2P办理相关的金融业务。

传统银行在终端零售方面已经切身感受到来自互联网金融平台的影响。短期来看，互联网金融平台还没有对银行的大客户产生足够的吸引力。

互联网金融使传统银行的量和质都在下降。量，即众多互联网金融平台的出现造成银行资金量以及客户数量的下降；质，就是从根本上改变了银行的融资渠道，使资金开始逐渐脱离银行。

### 3.3.2 传统银行如何应对互联网金融大潮?

事实上，银行业早已经意识到互联网金融发展所带来的威胁，并且一直在推进业务网络化以及电子化，并试图在触网尝试中创新商业模式，开创更大的发展空间。

各大银行陆续上线的网上银行、网上商城以及手机银行等都是为了迎合互联网发展趋势而开发的。此外，在公对公业务上，相对于互联网金融平台，传统银行拥有绝对的优势，凭借其强大的客户群可以更方便、安全地开展业务。

但是传统银行在触网过程中遇到的一个难题是，由于没有绑定资金流和信息流的媒介，资金流与商贸物流被割断。而电商平台在迅速成长和发展的过程中收集和掌握了大量的交易数据，从而产生了资金流绑定需求，这对银行构成巨大的威胁。银行想要维护好客户和数据，就需要一个通道，由此也就出现了很多的银行系电商，比如交通银行推出的网上商城——交博汇；民生银行推出的互联网电商平台——民生电商；建设银行推出的电子商务金融服务平台——善融商务等。

推出电商平台只是从框架结构角度来构建通道，由于国内的电商市场已接近饱和，银行推出的电商平台到底能走多远，会有什么样的效果，还有待时间来检验。与具有电商基因的电商企业相比，银行作为传统企业推出的电商是没有任何先天优势可言的，那么除了电商之外，传统银行还有没有其他方法来争取客户，重新夺回在金融领域的优势地位呢？

目前，传统银行业可以通过以下两种方式来捍卫和争取自己的客户资源（见图3-3）。

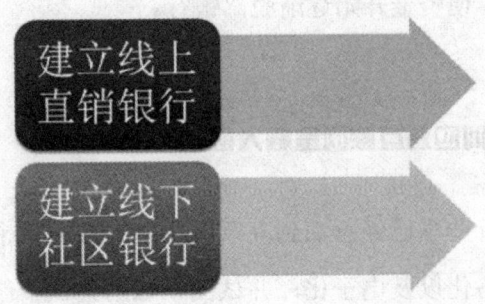

图3-3 传统银行应对互联网金融的两大举措

**（1）建立线上直销银行**

为了迎接互联网金带来的挑战，民生银行与阿里巴巴携手推出了直销银行，直销银行的电子账户系统将与支付宝实现互通。这也是传统银行业在线上布局的一种方式。

直销银行并没有实体的线下网点，也不会发放银行卡，所有业务操作都是在网上完成的。直销银行不仅可以有效降低银行的运营成本，同时也可以在线上培养客户，利用高效、便捷的金融操作和服务增强客户对直销银行的使用黏性。

直销银行虽然是电子银行下属的二级部门，但是其设置参照的却是独立银行体系，如果能够得到监管机构发放的牌照，那么直销银行将会从民生银行中剥离，成为独立的银行。

直销银行与阿里、腾讯等申请的网络银行有很多相似之处，就是将银行业务放到线上，借助网络平台的优势为用户提供信息查阅服务以及便利、高效的支付服务，同时也可以利用线上庞大的用户量开发业务，促进金融产品的推广和销售。而两者的不同之处在于：根本出发点不同，传统银行推出直销银行是为了实现渠道和客户的无缝对接，而网络银行的申请则为

了获得银行牌照，从而为企业在金融领域的业务拓展提供重要的支撑。

如果传统银行能够获得直销银行牌照，并与拥有庞大用户以及数据基础的平台合作开展金融业务，也是一种银行互联网化的表现。传统银行在直销银行方面的积极尝试，也带来了不错的效果，不仅获得了更多的互联网金融数据和客户，而且帮助银行开辟了一条新渠道。

（2）建立线下社区银行

虽然互联网金融平台的出现抢走了银行许多客户和资金，但是传统银行依然具有互联网金融无法比拟的优势。传统银行不仅具有覆盖范围很广的线下网点，同时在多年发展中也积累了庞大的客户量，这些客户以及线下网点的管理和经营都需要银行来支撑，而银行所打造的安全的交易环境以及大额交易操作是互联网金融平台不能代替的。

国内的几大股份制银行已经相继推出社区银行。所谓社区银行，就是建立在社区范围内，根据当地的金融服务需求为客户提供咨询以及业务办理服务的银行。社区银行相当于传统银行业务触角的延伸，就近为客户提供高效、便捷的社区金融服务。

虽然传统银行应该顺应互联网的发展趋势，但是在线上布局的过程中不能盲目丢掉自己在线下的资源优势，将全部的业务都搬到线上，对于线上线下的客户群，应该根据其特点提供差异化的金融服务。有了社区银行，用户在楼下散步的时候就可以顺便到社区银行办理业务，存取款也比较方便，真正使金融服务成为人们生活的一部分。

进展比较快的银行已经布局了上百家社区银行，建立了可以直达终端客户的连接渠道。社区银行的发展填补了银行线下网的空缺，不仅为客户的金融业务办理和信息咨询提供了更多的便利，同时也为银行开辟了更多的用户入口，使银行可以更方便地网罗大量的用户。

互联网金融拥有庞大的用户以及数据基础，而传统银行在产品和线下经营方面拥有自己独特的优势，因此在迎战互联网金融的过程中，银行可以从线上、线下两方面入手，线上推出银行系电商以及直销银行，线下推出社区银行，最终将渠道入口以及客户资源掌握在自己手中。

未来，O2O将会成为传统银行的发展方向，以线下的金融业务为基础，将其延伸到线上，线上线下双管齐下。

## 3.4 传统银行的移动金融布局

### 3.4.1 移动金融发展的宏观环境

伴随着智能手机的不断更新,越来越多的移动应用被研发推广开来,改变着社会生活的方方面面,许多企业在发展过程中发现了新的机会。

作为移动互联网产业的组成部分,移动金融应用的发展会带动全局的进展。除此之外,银行业也会聚焦于移动金融应用的发展,这对银行来说是一把双刃剑。

移动金融应用的发展要以移动互联网的发展为前提,随着互联网普及程度不断提高,中国正逐步迈入信息化社会,为移动金融应用的发展带来了很好的机遇(见图3-4)。

图3-4 移动金融发展的宏观环境

(1)移动互联网飞速发展,网民数量持续增加,网络相关设施不断完善

工业和信息化部的统计结果显示,我国建设完工的3G基站到2011年5月末已经达到71.4万个,其中移动的3G网络覆盖了我国四个直辖市,

280个地级市，县级市达到370个，超过1600个县的主要地区都可以使用3G网；联通的3G网络覆盖城市超过340个，覆盖县城数量接近2000个；所有城市都能够接收到电信3G网信号。

进入2014年，在移动发力建立4G基站的同时，联通却选择了继续巩固3G优势。另外，移动、联通及电信正在各大城市建设WLAN系统。2011年之前，由三大通讯公司布局的WLAN热点就达到了28万个。这大大方便了用户通过无线网浏览信息和进行电子支付等需求，更多的用户能够接收到WLAN信号，移动金融应用拥有了更好的外部环境。

可以看出，在网络设施的建设与完善上，3G、4G网络和WLAN的覆盖率逐渐提高，这不仅推动了互联网的发展，也为移动金融应用的进一步发展打下了基础。

**（2）智能终端技术的发展，使移动金融应用为大众使用成为可能**

如今，智能终端技术水平在迅速提高，Android系统、IOS系统不断完善，手机终端具备的功能也更加多样化，比如定位功能、上网功能等，操作更加方便快捷，使用人数不断增加，这都有利于移动金融应用的推广。

**（3）用户越来越支持移动应用的发展**

根据中国互联网信息中心的分析结果，到2014年12月，我国的网民规模达6.49亿，手机网民为5.57亿，在网民中所占的比重超过85%。2014年新增的网民以手机为主要的上网设备，人们逐渐习惯了用手机来浏览信息、分享动态、观看音视频，等等。

### 3.4.2 国内银行业移动金融服务现状

我国排名靠前的几家银行都向用户提供了移动金融应用，比如手机银行。用户可以通过手机程序在网络平台上查看账单、进行电子支付、转账等等。

移动金融应用的推出大大提高了银行的收益,比如建设银行,2010年注册其手机银行的用户超过2200万,一年之内完成4.26亿次交易,金额达4910亿元,不仅如此,建设银行还上线了WAP手机银行支付项目,使用iPhone智能手机的用户也能够享受其金融应用服务。

另外,建设银行别出心裁,通过短信形式向用户提供相关的金融信息,包括外汇、基金,并通过彩信提醒的方式向用户发送账单,用户还能通过该服务进行信用卡还款。这说明,越来越多的国有银行都意识到了移动金融应用的重要性和价值。

目前我国的银行在移动金融应用上还需要解决三个主要问题(见图3-5)。

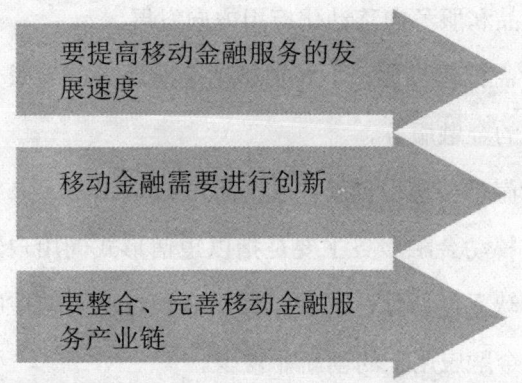

图3-5 银行在移动金融应用上需要解决的三个主要问题

**(1)要提高移动金融服务的发展速度**

以下两方面说明我国的移动金融发展较慢:

①推广金融服务的方式不够灵活。

许多银行在进行新业务推广时固守传统的方式,即先建设实体网店,然后推出以电话银行、网上银行为代表的在线电子银行,最后推出以短信银行为代表的移动电子银行。这样的模式并不能满足用户在金融方面的需求，相比之下，移动金融应用能够在很多方面为用户提供便利，应当用灵活的方式加以推广。

工商银行和农业银行在2011年联手医疗部门开发了银医卡，用户可以拨打电话或者在银行自助机、网银平台进行挂号或者查询相关信息，还能在线支付挂号费用。这种方式为用户提供了很大的便利，能够满足客户在医疗服务方面的需求，可以提高服务方的竞争力。

②忽视针对企业的金融服务。

如今，越来越多的企业期望实现移动办公和实时管理，移动商务运营涵盖企业经营的各个环节，包括营销、货物运输等，能够在很大程度上增加企业的收益。移动金融是移动商务运营的重要组成部分，它会引发世界范围内的银行产品和服务向移动化应用方向发展。

对此，银行需把握机会，不要把移动金融服务的着眼点都放在个人身上，要重视企业的金融服务。

**（2）移动金融需要进行创新**

之前银行的移动金融服务主要是指以短信形式向用户发送账单和相关资讯。这种方式缺乏创新性，另外，我国对银行风险的控制比较严格，也导致银行在移动金融应用上的创新非常少。

相比那些以网络平台为基础发展起来的第三方支付公司，银行在金融服务、产品上固守传统，虽然能够降低风险性，但没有提高用户资源的利用率。

银行不仅缺乏移动金融产品的创新，在向用户提供的移动金融服务方面也以传统模式为主。银行似乎还没有意识到应当充分利用互联网平台来提高用户的体验，所以多数银行并未与互联网企业展开深层次的合作。

京东商城在我国B2C电子商务领域位居榜首，该企业开发出了许多适

用于智能手机和 iPad 的应用程序。用户能够通过手机或者 iPad 上的程序购买商品、查询相关信息，除此之外，通过条形码应用还能进行同类商品的比价，进行自由选择。

大众点评网在经营过程中非常注重与互联网应用的结合，不断完善智能终端的应用程序，用户可以通过手机进行定位、查询附近的商家并进行导航。互联网企业的代表腾讯、网易等也相继上线了适合于不同智能终端的应用程序。

（3）要整合、完善移动金融服务产业链

移动金融服务经历探索阶段后，发展速度逐渐加快。比如移动支付，根据中国互联网络信息中心（CNNIC）发布的第 36 次《中国互联网络发展状况统计报告》，2015 年上半年，手机支付的用户规模已经达到 2.76 亿。不过从宏观上看，虽然相关部门都致力于促进移动金融产业的发展，但移动服务产业链还需要进行整合和完善。

物流部门、运营商、电商、银行及第三方支付企业都致力于促进金融产业的进步，但是它们之间的联系还不够紧密，有些商家之间勾心斗角，阻碍了整体的进步。银行并没有充分发挥自己的影响力，虽然他们向用户提供了移动金融产品，但并没有为消费者提供良好的应用环境，也没有对其行为进行引导，在与其他企业合作方面，并未展开与第三方支付企业的深层次合作，没有发挥应有的协同作用。

在手机支付领域，欧洲国家及日本、韩国和美国在移动金融服务产业发展过程中都有自己的行业主导，欧洲是以运营商与银行共同主导，韩国是以银行机构为主导，而我国还没有哪一方能够占据主导地位，各方（运营商、第三方支付机构、银行）都想成为产业中心。

我们需要清楚，与运营商和第三方支付机构相比，银行移动金融服务的风险性较低，也更加全面。银行应该充分利用这个优势，在全局中发挥协调作用，推动整个产业链的进步。

### 3.4.3 国外银行移动金融服务创新

在移动金融应用创新上，国外的银行机构和互联网企业具有丰富的经验，我们应该主动学习。下面是五个具有代表性的金融服务应用创新（见图3-6）。

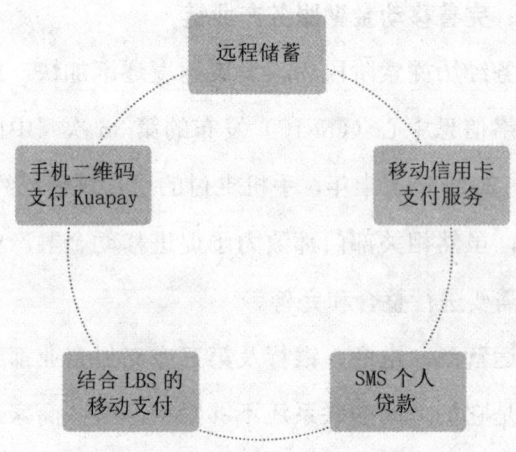

图3-6 具有代表性的五个金融服务应用创新

**（1）远程储蓄**

所谓远程储蓄，就是用户把汇票、银行支票转换成数字化文档，然后登陆互联网平台发送给银行，银行方面接收到信息后，将客户的账单信息进行处理。整个过程分为以下几个环节：

①某企业接受邮件形式传来的支票；

②该企业用电子扫描仪把支票转换成数字化信息；

③数字化的支票信息以文档形式呈现出来，利用远程储蓄服务接口将文档发送给银行；

④银行将收到的信息加以审核,对存款信息进行处理,将汇款打入企业的账户里,实现远程储蓄。

利用远程储蓄,大大降低了银行所消耗的时间和精力,现在的 iPhone 终端已经可以进行图片的识别,能够在较短的时间内将支票信息转换为电子文档,然后借助于网络,将信息发送给银行,银行接收后进行相应的处理。

**(2)移动信用卡支付服务**

移动信用卡支付收款应用是由美国 square 公司研发出的新技术。

具体的操作过程是:在智能终端设备上安装可以刷卡的应用程序,用户在支付时能够通过应用程序刷卡,通过智能终端上的软件了解自己当前的账单信息,之后,用户就可以通过密码确认进行刷卡,操作结束。用户在安装应用程序时无需支付任何费用,不过在用户刷卡时,square 公司会从中抽取一定比例的服务费。

通过互联网把所有操作环节连接成一个统一的整体,再借助于加密技术和数字证书技术来降低交易的风险。与之前的 POS 交易方式相比,这种新交易方式不仅消耗费用少,而且更加方便快捷。另外,通过利用智能手机或者 iPad,用户在查询账单及支付信息时也更加方便。

**(3)SMS 个人贷款**

Denizbank 公司(土耳其)的用户可以通过短信进行个人贷款,他们以短信的形式把自己的信息和贷款要求传送给银行,银行会对其信息进行严格的审核,然后根据用户的信用状况决定是否批准,申请通过后,用户就能进行之后的操作最终实现贷款。

**(4)结合 LBS(Location Based Service)的移动支付**

用户要想享受此项服务,第一步要做的是登录 ModoPayments 网站进行注册,然后把自己在该网站的登陆信息与银行卡关联在一起。之后用户进行支付操作时,如果允许通过 ModoPayments 模式,就能结合 LBS 技术进行操作。

确认地理信息之后,ModoPayments 后台系统会提供临时账号,然后将商家规定的金额输入进去,从用户账户中扣去相应的金额。为了提高安全性,临时账号分成两部分,由商家和用户共同掌握,双方将信息合为一体才能实现操作。

ModoPayments 交易方式在安全性上是有保障的,LBS 技术能够把所有的交易信息都储存下来。用户可以随时查询交易账户的相关信息,这样就能减少他们的顾虑。

与 LBS 技术相结合是 ModoPayments 支付的一大特色,运用该技术,不仅能够降低交易风险,也能使用优惠券,这让商家更愿意与银行等金融机构联合经营。

(5)手机二维码支付 Kuapay

Kuapay 也是一种移动金融应用,它利用了二维码技术。用户可以免费安装智能终端程序,登录 Kuapay,绑定自己的账户信息,然后用该方式完成支付。

其操作过程非常简单:用户在手机终端用 PIN 码进入 Kuapay,就会接收到二维支付码,在 POS 机上扫描后,就能查看自己的账单,然后根据提示进行支付操作。与传统方式相比,能大大减少中间环节。

### 3.4.4 邮储银行的移动金融服务

邮储银行虽然没有悠久的历史,但获得了众多用户的青睐,移动互联网的普及为其带来了新的商机,也使得该领域的竞争愈加激烈。

该银行是从邮政储蓄业务逐渐延伸而来的,积累了大量的用户,发展很快。自其诞生以来先后推出了多种服务方式,包括网上银行、电话银行、

手机银行等等,它从其他银行的创新模式中获得启示,结合自己的优势逐渐发展成为该领域的杰出代表。

就我国而言,各商家都在致力于移动金融应用的进一步拓展,他们之间的水平可谓不相上下,不过该领域的发展空间广阔,要想在竞争中把握先机,对于那些刚刚踏入该领域的商家而言,就要积极开发并引导消费者的需求,实时把握市场状况,提高自身的竞争力。

加入移动金融应用服务领域的商家,既有传统的银行机构,也有与移动互联网紧密结合的新兴企业和第三方支付公司。与其他同类型企业相比,邮储银行的经验相对少一些,掌握业务技术的员工的比重也比较低,所以该银行开发的产品并不多,更新也比较慢。

邮储银行要在竞争中获得一席之地,就要深入分析自己的发展情况、用户需求、市场整体形势,要扬己之长、避己之短,根据自己的特点,立足长远,认真规划。

要清楚地认识到自己在业务技术和风险控制方面的局限,努力发展移动金融应用,把握先机,打造自己的品牌。应该从电商企业及社交网站的经营中借鉴相关经验,开发客户需求,满足客户需要,例如,让用户更加方便快捷地搜索网店,提供在线预约服务等等。

通过为用户提供移动金融服务来发展长期用户,增加用户的依赖性。邮储银行的用户具有多元化的特点,而且各地区都有该银行的用户,中低收入群体是其重要组成部分,应该将这个群体作为重点的开发对象,满足他们对移动金融服务的需求。

作为非洲移动金融应用领域的典型案例,肯尼亚手机银行获得了诸多用户青睐。这说明中低收入群体也会有移动金融服务方面的需求,重要的是将其开发出来。邮储银行应当抓住用户需求,通过电话银行、短信银行等形式,方便用户进行消费和资金支付等。

增强自身的影响力，带动整个产业的发展和进步。与其他同类型企业相比，邮政集团在金融网、实物网及计算机网方面的竞争力比较突出，能够将信息和物流以及资金流整合起来。对此，邮储银行在进行移动金融产品的研发时可以联手邮政物流，满足电商企业在移动金融方面的需求，实现物流业务中的移动支付应用。另外，还能借助于内部的金融业务平台，联手集团内部的保险公司、投资公司等等，充分利用内部资源，提高用户体验，也增强自身的竞争力。

加强与其他企业的合作，在与地方支付公司、运营平台和服务提供商的合作中起到协同作用。如在传统模式的企业中，中粮集团通过整合产业链大大提高了整体的运转速度，降低了成本消耗。

邮储银行要在发展移动金融应用的同时把握商户的需求，加强双方的深层次合作，为商户提供便捷的服务，联手经营，提高服务水平，满足终端客户在移动应用方面的需要。另外，还要加强与第三方机构和运营方的联系，熟知并掌握用户的相关信息和市场发展趋势，通过合作来弥补自身的局限，带动整个行业的发展。

移动商务活动在互联网高速发展下变得更加普遍，邮储银行的移动金融应用应该加大对商业领域的开拓。

银行是金融行业的重要组成部分，要充分发挥自己的力量带动整个行业发展。邮储银行应积极主动学习其他企业的经验和技术，致力于开发新的移动金融产品，通过方便用户的使用和操作来提高客户的满意度，同时要提高安全性，积累更多的用户资源。

### 3.4.5 传统银行如何抢滩移动金融？

随着信息通信技术和互联网的发展，众筹、P2P 网贷、第三方支付等

互联网金融成为金融发展的新模式。面对互联网金融的强势来袭,传统商业银行也在积极谋篇布局以应对挑战。移动智能终端的普及使金融与互联网的联系更为密切,移动金融也为商业银行的发展提供了全新的拓展空间。

(1)网上银行——对网点柜台的第一轮替代

世界上第一个典型的网络银行——"安全第一"网络银行出现于20世纪90年代的美国,给金融界带来极大震撼,之后全球多家银行纷纷开设网上银行,掀起金融界的一大风潮。国内商业银行也学习这种纯虚拟的银行经营模式,将柜台业务迁至网络,使服务方式发生了巨大的变化,开辟了新型服务渠道。

网上银行的出现对原有的网点柜台服务渠道起到了一定的替代作用,也呈现出巨大的发展前景。然而想要在这场变革中占得先机,必须具备强大的创新实力以及前瞻性的战略眼光,说到这儿我们就不得不提到五大银行之首的中国工商银行。

20世纪末的互联网危机使众多互联网企业遭受重创,互联网的发展前景也不甚明朗,但工商银行却以前瞻性的战略眼光看到互联网危机背后所蕴藏的机遇,于是决定加快电子银行的推进速度。

在互联网泡沫堆积的1999年,工行就在业内率先完成数据大集中,实现了集团子公司各类数据的集中处理和境内外所有分支机构的统一管理;在互联网泡沫爆发的2000年,工行又顶住压力首推企业网上银行业务,将通过互联网向企业客户提供服务变成现实。

工行科技创新方面的能力是毋庸置疑的,不仅将柜台业务搬到网上,还以U盾、电子密码器等网上银行专属产品实现行业领先。工行的网上银行始终保持着高速发展的态势,截至2015年1月,个人网银服务客户数累计超过1.8亿户,企业网银客户超过390万户,交易总额超越400万亿元,就交易规模来看,工行已成为国内首屈一指的商业银行。

网上银行的出现为传统金融行业带来新的发展模式,不仅实现柜面业务的分流,也大大降低了银行经营成本,为商业银行在互联网时代找到了一条全新的发展道路。

**(2)移动金融——对服务模式的新一轮再造**

移动互联网时代的到来使人们的生活方式、交流方式发生了重大变化,大量的碎片时间被手机、社交网络所占据;而企业传统的经营形态、商业模式也随着移动互联网的发展得以重塑,移动商城、移动商务成为企业发展的主流模式;金融行业应运而生的移动金融也已经成为传统金融机构与互联网金融企业抢夺的"制高点"。

在互联网金融加快将P2P、第三方支付等模式向移动端渗透的同时,传统商业银行也在不断提高创新能力,以发展移动支付等新兴业务来抗衡互联网金融。

移动金融并不只是单纯地将客户从PC端迁向移动端,而是以客户为中心对银行服务模式进行重构。像微信支付、支付宝钱包这种因移动互联网而产生的移动金融服务不在少数,二维码识别、重力感应、指纹识别也都集中到移动终端,使移动金融的服务手段大大丰富,而类如"打车补贴""红包大战"等应用也标志着手机银行步入社交领域。

网上银行的出现改变了传统的网点柜台式服务,实现了服务模式的第一轮替换。移动互联网的出现不仅对网上银行这一服务渠道做出了新的诠释,更实现了对银行服务模式及渠道的重构,移动金融将成为银行提升用户服务体验的重要手段。

面对移动金融巨大的发展潜力,工行发布了被称为"大象冲浪"的互联网金融发展战略。该战略意在打造全新的e—ICBC,构建集融资、支付、金融交易、信息、商务五大功能于一体的互联网金融服务和运营体系。

移动金融在其中扮演的角色是不容小觑的,移动端所提供的便捷服务将成为吸引客户的重要手段，并以此为产品升级、服务拓展提供强有力的支撑。

工行在网上银行发展中所掌握的先机和积累的经验，使其在移动金融拓展方面显得游刃有余。工行已经明确提出移动端将会成为以后产品创新和业务布局的主要方向，工行的移动金融战略版图已随着互联网金融向移动端的拓展而日益完善。

（3）手机银行"三箭齐发"

2014年，工行手机银行充分展示了其作为移动金融特有的迅捷、高效、实时性强的特点，推出了预约取款、手机号汇款以及工银e支付三大特色服务，以"三箭齐发"之势迅速赢得客户的喜爱（见图3-7）。

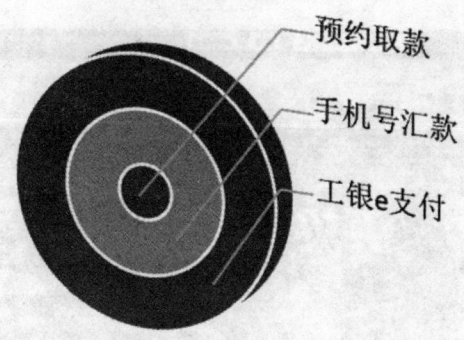

图3-7 工行手机银行"三箭齐发"

预约取款：所谓的预约取款就是通过手机银行设置取款的金额、时间，凭手机号、预约码以及银行发送的动态密码就可以在指定时间通过ATM机提现，真正实现无卡取现。

手机号汇款：收款人只需要提供姓名和手机号，汇款人就可以通过手机银行或网上银行实现转账。该项功能的推出不仅使业务办理更加方便快捷，也使客户隐私得到强有力的保护。

工银 e 支付：这是工行为满足客户小额支付需求而推出的电子支付方式，无需网上银行，只需手机号、银行账号以及动态密码即可完成支付体验。它使支付更加方便快捷，而且安全有保障。

**（4）手机银行界面改版**

为给客户提供更加轻松、便捷的手机银行新体验，工行本着"开放、智能、简洁"的原则对手机银行客户端进行改版升级，为客户呈现出更整洁的界面和更加精简的操作流程。

工行的界面改版以客户的行为轨迹为中心，将大数据分析技术应用其中，创造了"智·生活"和"金融日历"的全新服务模式，这种贴近生活的服务场景将使客户感受到更加舒适便捷的手机银行体验，相信工行的改版界面（见图3-8）将会为客户提供更加富有生命力的移动金融服务。

图3-8 中国工商银行界面

### (5)"融e联"移动金融服务平台

面对客户沟通服务方式在移动互联网时代所产生的改变,工行自主研发推出了"融e联"移动金融服务平台。工行的这一举动标志着商业银行的客户营销和服务进入了移动社交化时代。

"融e联"提供了包括专属客户经理个性化金融服务、丰富的信息服务与交易功能、具有针对性的营销宣传以及专业的金融交流圈在内的核心服务,使客户可以随时随地享受工行的贴身服务。未来"融e联"将会同手机银行、"融e购"电商平台实现协同发展,并分别从移动社交、金融服务以及电子商务的角度搭建工行移动互联网金融生态圈。

移动金融是互联网金融在移动端的拓展,它的出现满足了用户们随时随地得到便捷金融服务的愿望,孕育着巨大的市场潜力。我们相信随着移动终端的普及,用户与移动金融的黏性会不断增加,移动金融时代即将到来。

## 3.5 消费者应如何选择互联网理财产品？

对于普通消费者来说，不管是传统银行业的"触网"，还是P2P企业，抑或是互联网金融的电子商务公司，只要能够提供最安全、最优质的理财和金融服务，就是靠谱的企业。

现在金融领域出现了种类繁多的金融和理财产品，包括基金、股票、债券、P2P、基金众筹以及银行理财产品等。面对这些复杂的投资以及理财品类，消费者应该如何作出选择呢？其实，消费者在选择投资理财产品的时候应该注意以下几个方面（见图3-9）。

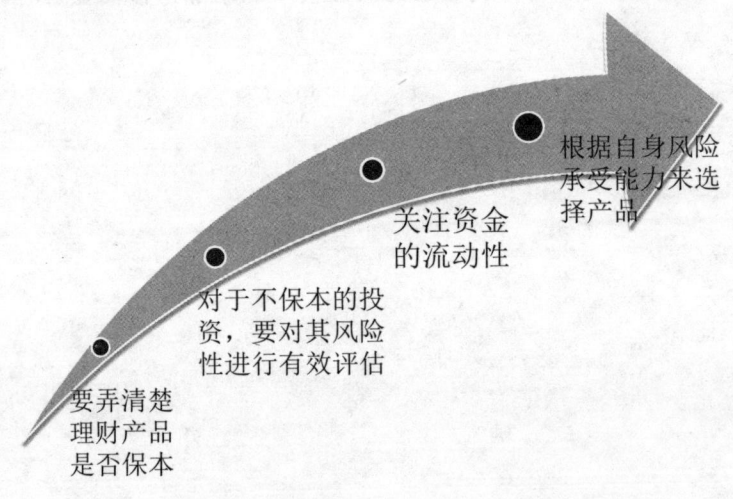

图3-9 选择"互联网+"理财产品的四个关键

**（1）要弄清楚理财产品是否保本**

很多理财产品由于在宣传上受到各种法规及政策的限制，不能直接向消费者传递保本、保收益的信息，但事实上是保本收益产品，发生违约的

概率比较小。比如工商银行推出的理财产品"安享回报",有77天的投资期限,收益率可以达到4.9%;各种信托类的理财产品,收益率也基本保持在9%～11%左右,收益相对比较稳定,而且风险比较小。

**(2)对于不保本的投资,要对其风险性进行有效评估**

一般情况下,不保本的投资风险比较大,但同时收益也相对较高,比如股票、基金等,购买这种类型的投资理财产品相当于在赌博,赌赢了可能获得成倍的资产增长,赌输了则可能会倾家荡产。

而相对于股票和基金等高风险的投资,黄金、期货等属于更高风险的投资产品。对于股票,消费者相对比较熟悉;基金的话,相对于股票型基金,指数型以及混合型基金风险要低一些。外汇投资,投资风险也比较高,因此消费者在选择的时候一定要慎重,一旦出现风险评估失误,就有可能血本无归。

**(3)关注资金的流动性**

消费者在投资的时候除了关注风险和收益回报,还应该了解资金的流动性,有的理财投资产品,投资期间不能赎回或是赎回需要扣除的费用比较多,这些都应该是投资者在签订投资合同时需要具体了解的,防止急需资金时遇到取钱难的问题。

在互联网金融领域出现的一些"宝"类货币基金产品流动性都比较好,如果实际收益达不到预期的收益,互联网金融机构会自己掏钱补贴给客户,实现了T+0交易,典型的代表有余额宝以及微信的理财通等,这种货币基金产品资金的流动性比较高,基本可以实现随取随用。而其他的基金产品,要赎回资金可能需要T+1日、T+2日或更长时间。

**(4)根据自身风险承受能力来选择产品**

不同的投资人群,财务状况和风险承受能力是不同的。因此,投资者在投资的时候应该学会理性投资,根据自身的财务状况和承受风险能力选择投资理财产品。

比如年轻的白领，工资收入可能是他们主要的财务来源，除去日常的生活开支之后剩余的资金就不多了，但是由于年轻人对风险的承受能力比较强，因此可以选择一些定投类的基金。而对于年龄比较大的老年群体，风险承受能力比较低，在投资的时候应该尽量避免投资一些资金多、风险大的产品，以防产生巨大亏损，影响安稳的养老生活。

从整体上来看，随着"互联网+"在金融领域的深入渗透，金融和投资理财服务增多，消费者拥有了更多的选择。如果有效利用这些互联网金融渠道，就可能会在原有资本基础上获得更多的收益，也就实现了投资理财的现实意义。

# 第4章

## 移动金融：
## 开启移动互联网金融时代

## 4.1 移动互联网金融概述

### 4.1.1 移动互联网金融的定义

移动互联网技术的发展使传统金融增加了新形态——移动互联网金融。人们可支配时间的碎片化以及智能手机的普及使移动互联网金融更具吸引力。如今移动互联网金融已经成为互联网企业与传统金融机构的竞争焦点。

移动互联网技术在当下进入了快速发展时期，金融行业的模式也在移动互联网技术的裹挟下衍生出了多种新模式。"互联网+"、移动终端与金融融为一体的移动互联网金融便是其中的最大热门，加入了大数据、云计算、智能技术等互联网技术的移动互联网金融给许多企业带来新的机遇，可以预见，未来移动互联网金融将会迎来快速发展期。

（1）移动互联网

自互联网技术出现以来，人们的生活方式、消费观念、社交、娱乐等无时无刻不在发生着改变，人们在互联网技术所带来的科技与文化的进步中享受着生活的乐趣。但是无线网络技术与移动智能终端的发展，使受到时间与空间限制的PC互联网技术逐渐被移动互联网技术取代，移动互联网技术可以使人们随时随地享受网上冲浪的乐趣，于是在广阔的市场需求下迎来了爆发式发展。

使用移动无线通信技术的移动互联网，通过移动智能终端设备接收商家提供的业务及服务。移动互联网的实现需要满足三个条件：终端设备、软件及应用。移动智能终端设备主要有平板电脑、智能手机、图书阅读器、可穿戴智能设备等；软件有操作系统、数据库、安全软件等；应用则有娱乐休闲、商务办公、生活服务等。

### （2）互联网金融

互联网金融是传统金融与互联网技术的深度融合，它借助互联网的大数据、云计算、社交平台、搜索引擎等技术，打造了传统金融各种业务的新兴模式。互联网金融本质上是一种内生性金融模式，它满足了人们新的需求，并且引领传统金融行业向更加适应人类发展的方向演变。

当下互联网金融的创新焦点聚集在理财领域，余额宝崛起之后，各大银行也开发了一系列类似的产品，比如中行的活期宝、交行的快溢通、工行的现金宝、民生银行的如意宝等。互联网金融的优势在这些理财产品的参与下不断放大，金融理财不再是高净值人群的专利，普通大众也可以参与进来。它减少了交易成本，提高了业务效率，改善了消费者体验，更为重要的是创造了金融新模式。

### （3）移动互联网金融

移动互联网金融是移动终端设备技术与互联网技术融合的新模式。移动互联网金融使用便捷、可携带式的移动设备，如智能手机、平板电脑、无线 POS 机等。用户在这些终端上可与金融企业直接对接，轻松地办理资金支付、股票交易、基金期货买卖、投保等业务。

广义上讲，移动互联网金融从属于互联网金融。但就当前的发展来看，移动互联网金融更优于互联网金融，移动互联网借助无线通信技术打破了传统互联网技术受时间与空间的限制，人们可以在轻巧的移动终端上办理各种类型的金融业务。

### 4.1.2 移动互联网金融的特点(见图4-1)

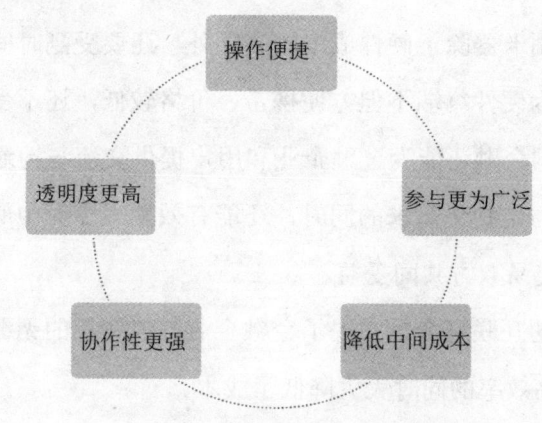

图4-1 移动互联网金融的特点

**(1)操作便捷**

智能手机与平板电脑等移动终端设备智能化程度越来越高,消费者可以更为方便地进行金融业务的办理。用户可以在移动终端上阅读金融理财资讯,关注行业动态信息;只需要简单点几下屏幕就可以查看业务详细信息、办理流程,可以进行资金支付、理财产品的买卖、查询账户交易信息等。

对于金融企业来说,可以根据消费者浏览信息的偏好向用户推送相关业务,让用户体验到"总有一款适合你"的真诚服务态度。

**(2)参与更为广泛**

移动互联网技术甚至可以使用户参与到金融理财产品的开发中。比如用户想要购买银行的理财产品,在传统的金融模式下,消费者只能在银行发布的几款理财产品中挑选和自己想法最为接近的产品。

但是在移动互联网金融模式下,银行可以广泛收集用户的需求信息,将用户需求度高的产品纳入自己的开发项目之中,并邀请用户对产品提出建议,比如产品的年限、金额、适用范围等,利用移动互联网金融的广泛参与性和消费者一起创造价值。

(3) 降低中间成本

传统的POS刷卡器除了硬件成本较高之外,还要受到时间和空间的限制。使用手机作为硬件终端不但方便携带、价格较低,还不受时间和空间限制。移动互联网金融还能为金融企业和用户提供交流与沟通的平台,在满足客户个性化与定制化需求的同时,还能有效地减少对中间平台与机构的依赖,从而使交易双方共同受益。

总的来说移动互联网金融实现了金融企业与消费者的无缝对接,减少了中间环节,提高效率的同时大大降低了成本。

(4) 协作性更强

移动互联网金融涉及通信、信息、金融、硬件生产、智能研究等众多行业,比如通过手机终端可以实现公共事业缴费,也可以完成股票、基金、期货、信托等交易,还可以完成娱乐购物的移动电子商务、银行账户之间的转账等。

在实现以上功能的过程中有金融机构、通信运营商、网络安全企业、互联网企业等多方参与,这使得这些组织机构能够更加广泛地展开合作,协力创造多方共赢的局面。

(5) 透明度更高

移动互联网金融改变了原有的静态金融方式,产生了移动化的新模式,使金融管理与交易信息更加透明化。

使用移动互联网的很多用户愿意将自己的经历和生活琐事与他人分享,他们将自己购买的金融理财产品分享之后,会提升自己在网络中的透明度,使他人更加容易对自己产生信任,从而提高了个人信用,增加自己在金融行业的授信额度。移动互联网金融的信息传播速度很快,有助于实现供需双方信息交流,提升金融行业的信息透明度。

### 4.1.3 移动互联网金融的发展前景

**（1）手机上网用户的增加为移动互联网金融的发展提供了有利条件**

工信部于2015年7月16日发布的《2015年6月份通信业经济运行情况》显示：移动电话用户规模接近13亿，移动互联网用户突破9亿，手机上网用户再创新高，规模达到8.6亿。手机上网保持着第一大上网终端的地位。

这些数据表明，我国已进入大众化的移动上网时代，这些用户为移动互联网金融的发展提供了有利条件。

**（2）移动支付终端设备及应用平台的开发为移动互联网金融的发展奠定了坚实的基础**

可穿戴设备的发展为支付方式拓宽了渠道，新近出现的声波支付以及虹膜支付技术让金融的流通范围更加广泛，在各个生活场景都可以见到它的身影。国家级移动支付平台的建成更是使移动互联网金融向标准化迈出坚实的一步。这将会为用户提供一个安全可靠的市场运营体系，使移动互联网金融朝着更加规范、更加科学的方向发展。

**（3）持续不断的产品及服务发展为移动互联网金融注入新活力**

信息技术与移动互联网技术的发展，让越来越多的个人和企业投身到这场移动互联网金融的发展浪潮之中，从而催生了许多新型的产品和服务。

微信给大家带来了理财、支付等的便利；微博则给了大家一个畅所欲言交流金融信息的平台；余额宝、百度理财、现金宝、如意宝等为大众提供了低门槛、高收益的移动互联网金融产品。这一系列产品及服务的创新发展将会改变传统金融的现有布局，并将为移动互联网金融的发展带来新活力。

## 4.2 移动互联网金融发展的七大趋势

移动互联网技术的快速发展以及智能手机的普及,使人们的生活方式发生了巨大变革。坐公交、排队、会议休息、喝咖啡等产生大量碎片化的时间,手机上网功能可以让这些时间得到充分利用。

第35次CNNIC(中国互联网信息中心)报告称:截至2014年年底,中国的手机网民达到5.57亿,全国网民中通过手机上网人数比例继续增高,同比提高了4.8%(2013年手机上网人数占总网民人数的81.0%,2014年增至85.8%)。根据德国数据研究机构Statista预测:手机支付市场在2013年到2017年的年复合增长率将达到32.3%,到2017年,手机支付市场规模将达到7000多亿美元。

通过这些数据我们可以看出:如今手机作为上网设备已成为人们的首选,手机上网的便捷性使得人们的金融活动更为频繁,不受时间与空间的限制,人们可以随时进行金融活动。

移动互联网金融的时代已经到来,未来的移动互联网金融将会有以下七大趋势(见图4-2)。

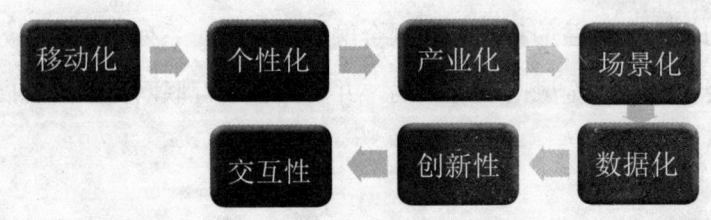

图4-2 移动互联网金融发展的七大趋势

**（1）移动化**

随着移动设备的普及、网络技术的发展、网络基础设施的日趋完善，移动互联网时代已经到来。以往定位于高净值人群的金融理财已经转变为大众产品，金融业务也在人们的碎片化时间中成为了碎片化金融，2015年羊年春节的几天时间里，千万用户参与微信抢红包的活动诠释了这一发展趋势。

当下的第三方支付平台正在向支付宝钱包与微信支付转移，PC客户端逐渐被移动客户端取代。如果忽略移动化的趋势，互联网金融将会沦为移动互联网金融的附属。

未来的移动互联网金融发展趋势很明显：人们不必去线下金融机构办理金融业务，只需要使用移动终端便可以随时随地完成投资理财、阅读金融资讯、移动支付等金融活动，未来的金融将会享受到一键自助式的便捷服务。

**（2）个性化**

满足用户的体验以及满足用户定制化与个性化的需求将成为企业竞争的焦点。移动互联网金融的产品、功能、服务等都会朝着个性化的方向发展。个人金融的资本管理将会通过手机银行实现余额查询、业务明细、服务消费、投资理财、移动支付等功能。公共事业网上缴费，个人的保险、基金、信托、医疗等个人零售业务将会通过移动互联网金融在手机客户端上全面实现。

对于不同的个人及群体，会出现更多的个性化金融理财产品及服务来迎合消费者的需求，"用户为中心"的理念将会成为移动互联网金融产品研发的宗旨。我们即将迎来的是一个"移动消费者主导的时代"，消费者将根据自己的个性化需求向企业定制产品服务。

**（3）产业化**

移动支付技术的发展会对各行各业的发展产生极大的推动作用，移动支付产业化及规模化将会使如今的单一金融支付功能得到更大扩展。随着科技与市场的迅速发展，手机银行的个人银行、零售业务、贷款业务等将会引领未来移动支付产业的发展。

未来的移动互联网金融将会涉及到人们社会生活的各种场景，移动支付的产业价值链将会涵盖社会生活的各个角落。线下与线上、虚拟与现实的多渠道结合，为商业银行在线下网点与线上移动端平台实现消费者与银行产品及服务的无缝对接提供了可能，规模化与产业化将会是移动互联网金融发展的必然结果。

（4）场景化

移动互联网的场景化将综合的、关联性强、需进行风险评估的金融产品及服务完美表达出来，还将移动互联网金融的便捷、大众化的投资模式借助合适的渠道传播给合作伙伴及用户，并在他们的日常生活中得到具体体现。

场景化将会在移动互联网金融的下一个阶段扮演重要角色，当前的互联网金融形式如支付、P2P、众筹、金融服务平台、投资理财、互联网货币等只是流于表面的互联网与金融的结合，下一阶段这种结合将会深入到移动化的生活场景，并在生活中得到完美体现。

（5）数据化

金融业为大数据研究提供了海量的信息，金融业的交易信息、业务推广信息、季度报告、消费者调查、新闻报道等都可以作为数据来源。移动互联网提升了金融的数据收集效率，大数据分析为金融行业的发展提供了指导。大数据技术的应用使得移动互联网金融开始走向数据化与效率化。

运用大数据分析，移动互联网金融可以快速找到业务的合适受众，实现对接消费者需求的精准营销。再者，互联网金融最大的困扰始终是风险

控制，大数据的收集与分析将会帮助金融行业降低风险，特别是在信贷业务上大数据技术更是一把利器。

（6）创新性

移动互联网技术、云计算、大数据、智能技术的快速发展将为移动互联网金融的发展插上腾飞之翼，实现该行业的创新发展。

交易模式、功能模块、产品形式等将会推陈出新，不断涌现出新形态。移动互联网金融的单一产品，将会逐渐演变成满足用户整体服务需求的综合性产品，在现有的 B2B、C2C、B2C 交易模式上也将会发展出新型的电商模式。未来的移动互联网金融将会迎来变革与创新的新时代。

（7）交互性

交互性乃是衡量企业与用户沟通能力的重要手段，同时也是移动互联网金融产品相对于传统产品的优势所在。智能手机的普及让人们在工作之余可以直接与他人实现互动，随时随地与他人分享信息。微信推出的支付、投资理财等功能模块就是金融交互产品的典型之作。

随着网络用户实名制度的建立与完善，我们可以预料未来人人都会有一个专属的电子身份证，信用体系的建设也将逐步完善。有了这些基础，移动互联网金融领域的信息将实现对等化、透明化，这将使供需双方即时互动，移动互联网金融也必将迎来发展的高潮。

## 4.3 移动互联网金融的六大商业模式

移动互联网和互联网金融是目前市场上最热的话题，两者的融合也必将颠覆传统，带来新的商机。随着移动互联网客户端的发展、移动通信技术的进步以及网络安全的不断完善，移动互联网金融行业的服务范围在不断拓展，创新产品也源源不断地推出。同时，移动互联网的发展也带动了金融行业的发展，尤其是移动互联网金融，爆发出了巨大的潜力。

移动互联网的发展，拓展了移动互联网金融的渠道，增加了其产品类型。总的来说，主要有移动支付、移动理财、移动交易、微信银行、APP 模式、移动金融的 O2O 模式等六大模式（见图 4-3）。

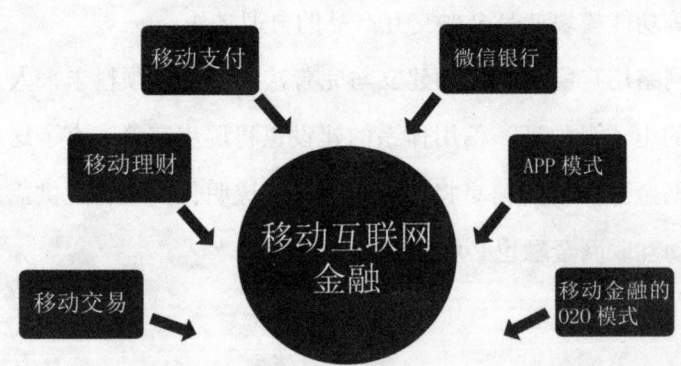

图 4-3 移动互联网金融的六大模式

**（1）移动支付**

借助移动互联网的优势，移动支付可以打破时间、地域限制，随时随地交易支付，提高了支付效率，为商家和消费者提供了便捷、高效的支付方式。移动支付的方式在小额、高频的订单中更受消费者的欢迎，简化了复杂的付款程序，实现一键到账。

当前，移动互联网的发展，使手机支付、微信支付、互联网在线支付等成为常见的支付手段，使消费者购物支付更方便，同时也提高了商家的销售业绩，促进其繁荣发展。

支付宝作为移动支付的先锋率先受到商家和消费者的欢迎，随后，腾讯推出微信支付，微博支付紧跟其后，移动支付的手段开始多样化，为O2O市场的形成奠定了基础。其中，以三大运营商推出的手机钱包业务、支付宝、财付通、拉卡拉、微信支付等为代表。

随着跨界场景化成为一种趋势，移动支付也在与金融理财、保险、生活服务等场景融合，为用户提供更优质的服务。

**（2）移动理财**

随着移动互联网和理财产品的融合，手机的功能也越来越多，用户可以通过手机进行充值、购物、支付，还可以查询相关的金融信息、认购相应的理财产品。移动理财正被越来越多的消费者青睐。

为了推广银行业务，提升工作业绩，农行、建行、光大银行、浦发银行、民生银行、招商银行等相继推出了自己的手机APP，消费者通过APP可以进行手机充值、转账汇款，此外，还能够享受如理财计算器、银行网点查询、黄金、理财产品、基金资讯等金融服务。

移动理财市场的巨大商机，吸引了众多企业试水。阿里巴巴集团推出余额宝后，又开始跻身理财市场；腾讯于2014年推出微信理财通，也开始进军理财市场。

**（3）移动交易**

随着互联网的发展，"互联网+金融"成为金融行业常见的经营模式，如第三方支付、P2P网络贷款、电商金融、众筹以及金融机构的网上商城等。

移动互联网的发展，简化了人们的理财模式，用户可以通过智能手机实现查询、投资、融资、借贷、理财等活动。同时，互联网的发展简化了交易程序，大大加快了资金的流转速度，存款资金能发挥更大的价值。

（4）微信银行

2013年8月，浦发银行借助微信社交平台，推出贴近用户需求的微信银行，以"微理财"为核心，用户可以通过浦发微信银行查询、购买理财产品，与理财经理进行互动，预约业务等。随着微信版本的升级，浦发银行推出了微信取款、微信购火车票、微信"融资易"等功能。

此外，浦发银行还在2014年相继推出微信汇款功能，集微信理财、支付、汇款、融资等于一体，构建线上线下全方位覆盖的微信银行。随着浦发银行推出微信银行，银行的业绩逐月攀升，经济效益显著。

（5）APP模式

随着经济的发展、社会的进步，消费者的需求越来越细致化，移动互联网客户端的出现满足了用户随时随地随心上网购物的需求，各行行业抓住机遇，纷纷推出手机APP，以满足用户个性化、差异化的需求。APP模式为商家和消费者提供了交易的平台，构建了一个有序发展的生态格局。

随着大数据2.0时代的到来，移动互联网的发展势头迅猛，各大金融机构纷纷推出APP业务，使"互联网+金融"的模式向移动互联网金融转型，并在2014年得到进一步发展。移动互联网客户端的APP功能节省了用户的时间，简化了程序，提高了效率，用户足不出户就可以办理业务，同时也拓展了企业的销售渠道，节省时间和人力成本，提高了经济效益。

2013年2月，有利网（见图4-4）作为一家创新型的理财网站上线，并在2014年1月抓住商机，推出APP服务，抢占移动互联网客户端的资源，以此实现了覆盖PC端和手机端的全方位格局。用户可通过有利网手机客户端随时查看理财产品的信息以及交易记录，并可随时买进卖出，提高了存款资金的利用率。

图4-4 有利网

在APP经济的商业模式中,主要有九种盈利模式:单纯出售模式、广告模式、收入组合模式、持续推出更新附属功能模式、月租费模式、二次运用模式、平台媒合模式、代为开发模式、授权模式,但是中国的用户更倾向于免费模式。而APP想要运营成功,就必须加大创新力度,研发新产品,提高产品的附带价值,为用户提供优质的服务体验,满足用户的需求。

(6)移动金融的O2O模式

O2O(Online to Offline)模式是完美结合线上线下两种方式的典型,让互联网成为线上选购、下单的平台,同时又拉动线下实体店的运营,为消费者提供众多的线上资源和优质的线下体验。

移动互联网的发展改变了消费者的消费行为和消费习惯,各大商家也抓住机遇,纷纷试水电商模式,以吸引更多的消费者网上购物。移动O2O模式的出现,为消费者提供了便利的购物渠道,同时也为商家带来了机遇。

目前,O2O模式的盛行主要体现在金融行业的数量和规模上。在数量上,

O2O 模式几乎覆盖了整个金融领域，移动支付、基金、信托、理财、融资（众筹）、投资、金融快讯、租赁等都是 O2O 模式的应用领域；在规模上，O2O 模式几乎遍及各个行业。O2O 模式带来的巨大经济效益，使很多企业看到了商机，银行、基金公司、互联网公司、运营商和创业公司都试图分得一杯羹。

线上平台与线下商家合作，抢占 O2O 资源，如支付宝与上品折扣联手，腾讯将微信与财付通整合，并依托于微信的"摇一摇"、二维扫码等功能为用户提供便捷的支付方式。目前，扫描二维码的方式在各大店铺盛行，商家纷纷利用这种方式增加客户量，增强营销力度。2013 年，阿里巴巴和腾讯角逐打车 APP，拉开了移动金融的 O2O 战争。而百度、腾讯、平安银行、广发银行、浦发银行、利得财富管理集团、合众人寿、有利网、中国联通等紧跟其后，整合线上线下资源，在"互联网+"的大潮流下，积极转型，调整产业结构，以适应移动互联网时代的市场新格局。

众筹模式就是在传统投融资方式繁琐、成本大的背景下产生的。传统的投融资受时间、地域的限制，双方接触的渠道较窄，所要耗费的时间和人力成本也较高。此外，传统的投融资方式由于透明度差，而存在安全隐患，投融资的成功率较低。而众筹模式的出现则弥补了传统投融资方式的不足，它整合线上与线下资源，节省时间成本，提高了资金运转速度和效率，使更多的企业参与进来，尤其适合中小微企业。

随着社会的发展，科技的进步，云计算、大数据、移动互联网等一大批新兴技术爆发出巨大的能量，智慧城市、智慧产业、智慧家居、可穿戴设备也开始进入人们的视野，这些变化促使传统金融行业利用技术创新，研发新产品、整合转型，以适应新的市场格局，实现新的移动互联网金融经营模式。

## 4.4 移动互联网金融的场景应用

把互联网金融用场景方式描述出来，指的是用互联网思维呈现出那些繁复的、相互之间有关系且应该掌控风险的商品，另外，还要了解产品的利润大小。所谓的应用场景式的表达，指的是通过恰当的方式让投资和消费者了解到互联网金融投资的方便快捷和易于操作性，它要与人们的日常生活相结合。

需要明确的一点是，要降低对投资者和消费者的要求，不要让人感觉金融高深莫测、难以理解，而要将其与日常生活结合起来。这里所指金融涵盖的范围比较大，是说存款、汇款、贷款、第三方支付以及金融商品都包括在其中。

金融的应用场景化离不开移动支付。第三方支付机构的发展是互联网金融领域中最关键的实现资金快捷融通的方式，它在推动互联网金融的发展中发挥了很大的作用。在以电商金融模式为基础的前提下，借助互联网平台的第三方支付相当于为电商小贷款、在线理财服务以及P2P等其他互联网金融模式提供了最好的基础架构。

在互联网金融的应用场景化实践，倾向于将电脑终端的应用功能转换成手机终端的应用程序时，用户也会随之发生迁移，这种转换使互联网金融应用可以随时随地满足用户的需求，用户可以通过它进行投资或支付。由此看来，互联网金融具有良好的发展前景。

（1）入口、平台到场景

举个生活中的例子来解释一下金融领域中的"场景"：你到粮油店买

了一袋大米，到前台付账时老板告诉你，用手机扫一扫柜台上的二维码，就可以得到一瓶490mL的食用油。

绝大多数用户不会拒绝，因为厨房里不但需要米，也需要食用油，而且他们不需要支付额外的费用，只要拿出手机扫一扫，就能在买到大米的同时拎回一瓶食用油。

在这个例子中，既有以粮油店为代表的销售方的销售，也有以手机识别二维码为代表的快捷支付方式，还有以小瓶食用油为代表的满足用户需求的营销。

这样，在整个交易、支付及营销环节的链条中，如果用便捷支付的方式控制交易流水，就可以发展其他业务，比如为粮油店提供小额贷款、允许消费者赊账、帮助粮油店的经营者进行理财等，使它们作为金融产业的一部分逐渐发展壮大。

这样的场景是发生在线下实体店的，网络平台上也有很多类似的例子，例如腾讯，在提供社交功能的基础上，将业务范围拓宽至地理位置查询、视频播放及娱乐方面，如今腾讯已成为一个提供多元化服务的综合型平台，随之而来的是对互联网金融的场景化需求。

例如，某用户与朋友聚餐时选择各自付账，他可能更希望在现场把资金转给朋友，再比如有的用户需要进行理财，或者需要进行小额贷款等，如今这些需求都可以通过场景来实现。

其实，场景化的互联网金融早在2014年初就在现实生活中得到了实践。2014年春晚的微信发红包活动，是微信支付利用中国传统节假日进行营销的体现，该活动的成本很低，覆盖范围大，推动了微信支付向应用场景化方向的发展。

在2014年，各个领域的商业入口是商家竞争的主要战场，而到了2015年，竞争的焦点转移到了场景化的互联网金融领域。

**（2）随时、随地、随心**

以场景化为前提的互联网金融是通过什么方式来获得万众瞩目的呢？

金融行业发挥的作用，就是使资金在投资者和贷入者之间流通，这个过程不仅能够提高资金的利用率，还能减少成本消耗并降低风险。互联网金融势必会向着场景化的方向发展，只要用户需要，场景就能够产生。

《互联网金融生态系统 2020——新动力、新格局、新战略》是由 BCG（波士顿咨询）于 2014 年发布的对我国互联网金融市场做的一份分析报告。该报告指出，要想在互联网金融行业占据优势地位，就要抓住以下四方面：基础设施、渠道、平台和场景。场景化的应用最能体现金融行业与人们日常生活的结合和对客户的看重。

我国的场景金融还需要经历一个漫长的发展过程，一些大型企业还处在探索阶段，相比之下，针对电商场景的金融模式已经成形，比如社交、娱乐等场景中的金融应用取得了一些进步，与人们日常生活的结合是其努力的方向。

因此，现阶段的互联网金融的场景化发展，指的是让用户在手机终端的程序应用中实现金融需求，使人们能够随时随地享受到互联网金融方面的服务。立足于这个层面的互联网金融仍然具有广阔的前景，可以通过渠道拓展和开发长期用户来获得更长远的发展。可以预计，在不久的将来，互联网金融应用会出现在所有需要进行资金流通的场合。

**（3）打到用户后方去**

想要在场景竞争中获胜，最重要的是明确哪些场景是日常生活的主要组成部分，并将产品应用与这些场景结合起来。无论是线下场景还是网络平台上的场景都可能成为主场景，可以通过分析这些场景找出用户的基本需求并加以利用。

比如使用人数越来越多的微信支付，它借助于网络平台通过社交和电商入口来提高自己的竞争地位，后来，更多的第三方支付机构涌现出来，比如玖富叮当钱包和平安壹支付，它们都在致力于金融应用与人们日常生活的结合。所以说，互联网金融在线上平台和线下应用的发展方向都趋向于场景化，经营者需要考虑的就是怎样去设置场景。

通常情况下，商家会采取以下两种方式：

①由商家独立构建生态系统；

②和其他领域的经营者联手，比如酒店、旅行社及相关教育机构等。

相比之下，第一种方式消耗的成本高且风险的可控性低，而第二种方式效率高且成本消耗低。

因此，对多元化的场景进行深层次分析，从中找出用户最核心和最基本的需求，满足他们的需求就能增强用户的依赖性，即打到用户的后方。这里所说的后方，指的是围绕用户，从日常生活中寻找发展机会，满足用户在金融方面的各种需求。

不过，在发掘应用场景的过程中不能忽视场景本身所具有的特性，很多场景并不是独立存在的，而是相互之间存在着各种各样的联系。要使互联网金融向场景化的方向发展，就要以恰当的方式让更多的消费者和投资者了解到互联网金融投资方便快捷、易于操作的特性。

与日常生活结合，降低了对消费者和投资者进入金融领域的要求，使更多的用户了解并熟悉金融行业，以金融应用作为先导，带动社会消费并改变人们的日常生活。

# 第 5 章

## 互联网金融 + 养老健康：打造养老产业新模式

## 5.1 "互联网+金融+大养老"全生态产业链商业模式

### 5.1.1 大养老：互联网金融与养老产业的融合

今天，随着居民生活水平的逐渐提高，健康理念也在日渐增强，同时中国已经开始迈入老龄化社会。官方数据显示，截至2014年年底，中国60岁以上老年人口已经达到2.12亿，占到总人口的15.5%。

根据联合国的定义，当一个国家或地区60岁及以上人口超过总人口的10%，或者65岁及以上人口超过总人口的7%时，通常认为这个国家进入了人口老龄化的时代。按照这个标准，中国已经进入了老龄化社会，养老问题就成为备受关注的话题。

而互联网与金融行业的融合更是将养老问题推向舆论的风口浪尖。在国家积极推进建设多层次养老体系的过程中，怎样探索出适合中国国情、高效率、高标准化的养老模式成了国内各方的一个重要课题。

"互联网+"时代的到来，为解决养老问题的探索提供了一个新的方向，"大养老"的概念正在逐渐走进人们的生活。

在探索解决养老问题的过程中，越来越多的企业以及行业开始"傍上"养老产业链，希望能在这一领域分得一杯羹，而这也使得养老产业的利润空间逐渐走向清晰化。从实践来看，养老产业涉及的领域包括老年金融、养老居住、文化生活、家政、养老软件及信息系统、综合性医护服务、护工培训等。

国家在2011年的"十二五"规划中专门就养老问题提出了"9073"养老模式——90%的老人依靠居家养老、7%的老人依靠社区养老、3%的老人依靠机构养老。但是从目前来看，由于受到各方面的限制，特别是居家养老健康管理的信息化问题，使得居家养老依然没有形成一种比较成熟的模式。居家养老模式主要存在两大痛点：

①医疗资源相对比较封闭和集中，不能覆盖到更广大的地区；

②缺乏充足的专业化护理人才。

因此，面对国内养老模式的两大痛点，学习和借鉴国际上先进的养老经验对于国内养老方式的完善具有至关重要的作用。

2014年12月，三胞集团将以色列最大的家庭医疗服务提供商Natali Seculife Holding Ltd收入麾下，之后，Natali模式正式拉开了在中国发展的序幕，同时Natali还与同为三胞集团旗下的智慧养老服务企业安康通相互学习和合作，Natali借鉴了安康通多年养老经营实践中的经验，将目标群体定位为高端人群。

## 5.1.2 "互联网+大养老"的生态模式

老年人健康管理的信息化难题是导致养老产业发展滞缓的重要原因之一。而现实是：家用医疗器械的普及率比较低，不能全面地获取对老年人健康状况监测的数据，而且即便是获取的数据也没有实现上线汇集，健康管理模式中的数据大多来源于社区门诊或医院体检。

在"互联网+"时代到来之际，养老产业将引入云计算、移动互联、大数据、物联网等新兴的互联网手段，从而有效促进云智慧处理中心、远程医疗服务等的升级发展。而且随着适用于老年群体的智能可穿戴设备的流行，数据的获取有了更有效的途径。

瞄准互联网健康管理数据这一领域的企业,除了致力于在多领域扩张版图的 BAT 三巨头之外,还有平安等传统金融机构。移动医疗已经成为医疗界的排头兵。

智慧养老服务企业安康通推出了个人手机健康管理系统平台,致力于通过移动终端收集用户的健康信息,从而根据用户存在的问题提供个性化的健康解决方案。

这一移动终端设备不仅可以获取老年人的信息,同时也将老人的家属连接了起来,老人的家属可以通过手机健康管理平台查看老人的心率、血压、血糖等数据,从而随时了解老人的健康状况。

但是家属能够查询的数据并没有形成一个闭环,一旦老人身体发生异常,其家属并不能在第一时间知道并及时解决。为解决此问题,安康通专门搭建了一个紧急呼叫中心,由紧急呼叫专线以及紧急呼叫坐席构成,可以在老人发生突发状况时,通过智能设备一键呼入,为老人提供及时的救助。

同时,安康通还和上海移动联合推出了户外定位援助服务,为老人提供 24 小时服务,当老人在户外发生突发状况时,只要拨打手机救助键,援助中心就可以对老人所在的位置进行精准定位,并及时通知家属以及救助部门施救。

"大养老"产业概念将与养老行业相关的所有服务对象以及内容都收纳了进去,"大养老"产业有两个重要的衡量标准(见图 5-1)。

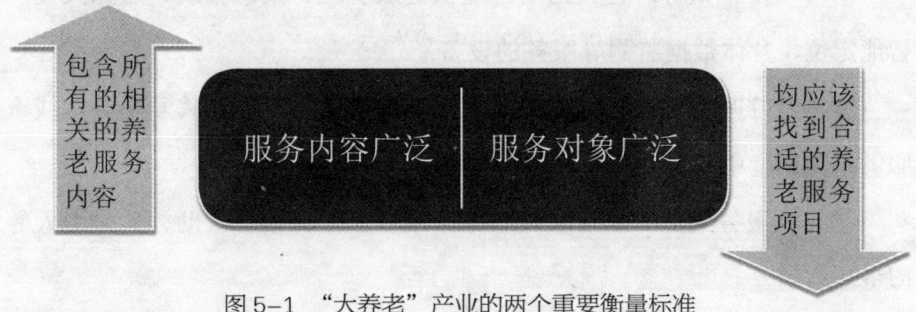

图 5-1 "大养老"产业的两个重要衡量标准

①服务内容广泛：养老服务项目能够包含所有相关的养老服务内容，比如家政服务、医疗服务、健康管理、远程医疗、紧急救助、关爱老人、定期身体检查等；

②服务对象广泛：不管是刚刚步入老年生涯的老人还是七八十岁的老人，不管是身体健康的老人还是疾病缠身的老人，都应该能找到合适的服务项目，并且享受到贴心、专业的服务，从而平静、安稳地度过晚年生活。

在"互联网+"时代，涉及养老产业的企业都在积极打造和构建"互联网+大养老"的生态链，并通过这一生态链的打造形成一种养老产业的良性发展模式。

"互联网+大养老"包括三个板块（见图5-2）。

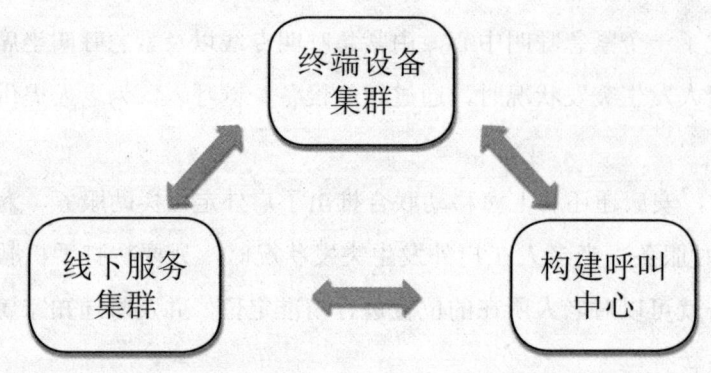

图5-2 "互联网+大养老"包括的三个板块

①终端设备集群：包括为用户提供健康管理、紧急救助、居家关爱、智能定位、身体数据监测等服务的设备；

②构建呼叫中心：集数据信息中心、接警中心、主动关爱中心、线下服务指挥调度中心等功能和服务于一身；

③线下服务集群：包括家政服务、康复医疗、紧急救助、关爱老人等服务。

老人接受服务需要支付一定的费用,因此打造养老生态链,自然少不了资金支付的环节。怎样将现有的资源盘活,打造良性发展的"养老＋金融"循环体系,对于众多相关企业来说也是一个难题。

从目前来看,国内养老产业中能够实现良性发展的金融业务有养老保险业务和养老地产。

2013年9月13日,国务院出台《关于加快发展养老服务业的若干意见》,并开始就老年人住房反抵押养老保险开展试点工作。从此在全国各地兴起了多种"以房养老"模式,众多金融机构开始尝试租售换养、售后返租、反向按揭等模式,但是收效并不明显,许多地方在运行一段时间之后就停止了。

之所以会无果而终,主要有两个方面的原因:一是相对于其他财产而言,房产能够给老人带来更多的安全感,而且大多数老人希望能将房产留给自己的子女,这就造成了房产"换手率不高"的问题;二是在已经开发运作的"以房养老"的项目中,由于缺乏专业的医护服务,这种项目并没有形成一个完整有效的"闭环"。

养老保险业务可以为养老产业链的正常运作提供充足的资金,据华泰证券对医药行业的统计显示,截至2013年,我国基本养老保险资产在全国GDP中的比重占5%,企业年金占1.1%。与发达国家相比,我国养老资产严重不足,这也就意味着商业养老保险具有巨大的发展空间,而养老社区领域将是未来保险公司投资的一个重点。

在围绕"互联网＋金融＋大养老"打造的养老生态系统中,远程医疗、医院以及居家养老服务等提高了用户端的支付能力,未来这一生态链上各个组成部分会与更多的商业保险产品合作。预计未来几年内长期护理险将成为一种重要的险种,从而有效帮助老年人解决支付的问题,填补社会存量需求的缺口。

## 5.2 右择基金：互联网+金融+养老，打造养老产业新模式

随着我国迈入老龄化社会，养老问题逐渐提上日程，而"互联网+金融+养老"这一模式，不仅为我国养老问题的解决提供了新的选择，也为金融行业提供了新的商机。利用互联网和金融行业的特点打造养老产业，更能够体现社会公平，同时也能完善我国现有的养老体系。

**（1）抓住机遇，打造新养老产业**

随着我国金融体制的改革、宏观经济逐渐稳定以及国家对发展多层次资本市场的鼓励，互联网经济与实体经济相互融合是大势所趋。

2014年，全国老龄办发布《中国老龄产业发展报告2014》，报告显示，2013年中国的老龄人口已达2亿多，而2014年中国老年人口的消费能力约为4万亿，约占国内生产总值的8%。预计到2050年，中国老年人口数量将达到4.8亿，占全球老年人口的1/4，消费潜力将增长到106万亿左右，届时将成为全球老龄产业市场潜力最大的国家。

上海右择股权投资基金管理有限公司（简称"右择基金"）借助改革的春风，将互联网经济与实体经济相融合，打造出新的养老产业。2013年4月，右择基金在上海成立，注册资本5亿元，是一家致力于为用户提供股权投资、投资管理、金融信息等服务的企业。

图5-3 右择基金的荣誉证书

在互联网时代,右择基金作为一家综合型的金融实体公司,积极将"开放、平等、协作、分享"的互联网思维应用于公司管理中,并充分发挥互联网、移动互联网以及大数据等的优势,打造透明度更强、协作性更好、参与度更高、中间成本更低、操作更便捷的金融业务。

**(2)线上线下,支付平台便捷可靠**

如今,互联网已融入养老产业当中,实现线上线下平台的配合发展。线上的养老金融平台主要为用户提供刷卡养老、积分养老和养老一卡通等服务,通过这些服务,获取用户的数据信息,并进行整合分析,实现养老金的保值增值;而线下则主要为老龄人口提供养老床位、养老医疗护理、老年旅游等服务。

右择基金开启的线上线下融合模式,可以使客户通过移动互联网随时随地理财,右择基金的这一创举为客户提供了便捷的理财渠道。

同时,右择基金又与昆山科大宏威软件科技有限公司、中国银联建立了战略伙伴关系,联合推出联汇通宝移动互联网金融支付平台。通过该平台,客户可在线完成支付。"联汇通宝"移动互联网金融支付平台的所有支付终端都已通过银联安全检测中心的认证,可保证其安全性。客户可通过联汇通宝移动互联网平台在线购买中纪养老产业专项基金,这一项目由中国银联负责标准化结算,客户只需通过手机操作,便可获得额外的收益。

(3)中纪养老产业专项基金:您的养老我来解决

通常来说,高品质的社会养老应该是尊重、关爱老年人的生活,使他们能够安享晚年。有居住的地方,不用为日常生活开支忧虑,不用为医疗和保健担心,他们的晚年生活应该丰富多彩,跟朋友一起运动、做公益、旅游,发展自己的兴趣爱好,参加文艺活动,将自己的财富、经验传给下一代。

正是在这样的期望下,上海右择股权投资基金管理有限公司推出中纪养老产业专项基金。作为一项新兴的养老投资产品,它在一定程度上能够为解决我国的养老问题开辟一条新路,它的基本理念是:"老年人越来越多,养老的配套设施越来越不够用。投资养老产业,不仅可以给老年人一个颐养天年的空间,对忙碌了大半辈子的老人来说,也是做子女的对父母的最好报答。"

在"互联网+"时代,右择基金作为一家综合型的金融公司,探索出了一条互联网经济与实体经济相融合的新型发展道路。打造养老产业,既能充分整合社会资源,抓住机遇,实现自身的发展;同时又能回报社会,奠定行业地位。

## 5.3 朗玛信息：大金融+大数据+大健康，互联网医疗新玩法

2015年3月19日，贵阳朗玛信息技术股份有限公司公开发表声明，称在未来一段时间里拟募集资金约10亿元，全面推进互联网医疗的发展，从而在互联网医疗领域抢占先机。

而在这募集到的10亿元中，将有1.1亿元会用于建立基于可穿戴设备和便携设备的健康管理服务平台项目，9000万元用于构建药品服务O2O平台。朗玛信息的这一业务规划在市场上得到广泛关注，二级市场更是以连续两个涨停板表达了对朗玛信息的支持。

朗玛信息董事长王伟也曾在公开场合表示，在未来10年，互联网医疗将会发展成为全球最大的产业，而朗玛将始终坚持朝着互联网医疗的发展方向不断前进。

（1）朗玛，进入医疗产业的"筷子"

从2014年开始，朗玛信息就将目光瞄准了互联网医疗领域，拉开了在这一领域布局的序幕。2014年朗玛信息用6.5亿元收购了39健康网，从此开启了漫长的互联网医疗发展道路。2015年，朗玛信息在39健康网的基础上，勾勒出了朗玛信息在互联网医疗领域的发展蓝图，这一年也被看作是朗玛互联网医疗的发展之年。

互联网医疗在近两年已经成为一个炙手可热的领域，不过作为一个新兴的领域，参与者都有些无从下手。而朗玛深谙其道，就这一领域的开发和发展已经有了一套自己的理论，对39健康网的收购就是一个良好的开端，为朗玛分食互联网医疗这块"香饽饽"提供了一个重要的工具——"筷子"

（见图5-4）。

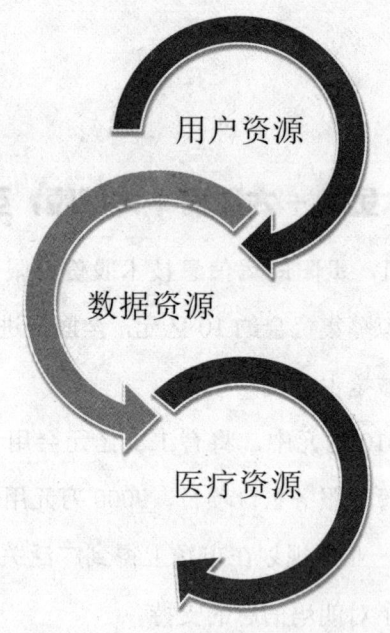

图5-4 朗玛收购39健康网后获得三大资源

第一步：要想成功跨进互联网医疗领域，应该从用户方面寻找突破口，而39健康网已经为朗玛建立了先天优势；

第二步：要认识到数据的重要性，只有发展建立在大数据基础上的移动医疗才能实现长远发展；

第三步：医疗资源是互联网医疗的核心，掌握了医疗资源就等于抓住了互联网医疗的命脉，对互联网医疗的发展具有重要的意义。

看病诊疗、术后监控与管理、医学养老与药品的销售和流通、健康管理是大健康领域的重要组成部分，而互联网技术是支撑各个方面发展的基础性手段。因此朗玛凭借自己在互联网方面的先天优势将更大范围内的医疗资源整合在一起，从而在互联网医疗领域占据了有利地形。

尽管每个企业对互联网医疗的理解各不相同，在发展策略以及方式上

也千差万别,但是有一点大家已经形成了共识,那就是互联网医疗的发展之路必定充满曲折,只有依靠坚定的信念以及永不服输的精神不断去探索,抓住有利时机,排除千难万险,才能获得一个更为广阔的天地。

(2)互联网医疗新玩法:大金融+大数据+大健康

设想一下,如果互联网医疗能够摆脱一般的发展模式,与大数据、保险、金融结合起来,又会擦出怎样的火花呢?

朗玛致力于在互联网医疗行业发展成为一家最具潜力和影响力的公司。在打造基础产业链的过程中朗玛选择从互联网入口、医疗资源布局、保险牌照和金融牌照四个方面入手。同时,这也意味着在互联网医疗领域首次出现了"互联网+医疗+保险+金融"的营销模式(见图5-5)。

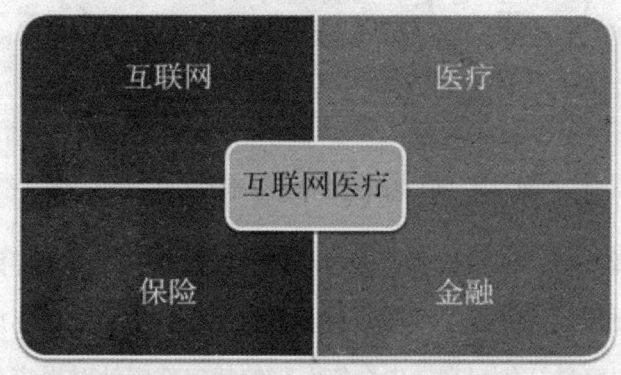

图 5-5 朗玛的营销模式

对于新增的保险和金融两个领域,王伟更青睐于保险。在他看来,互联网医疗在健康保险类用户中能找到更多有效的场景,从而能够更好地切入用户的生活。保险公司对用户的健康状况了如指掌,可以将保险产品与各种医疗产品结合起来开展营销工作,将服务卖给用户。

支撑朗玛信息在互联网基础产业链上布局新产品的,除了其自身在互联网医疗行业的愿景外,还有来自于中央以及地方政府的支持。

在优良的市场环境以及利好的政策背景下,如果朗玛信息能够成功打造"互联网+医疗+保险+金融"的医疗体系,并同时将大健康领域的各个方面做好,那么它将在互联网医疗领域建立强大的竞争优势和影响力。但是从目前的发展状况来看,朗玛信息应该会先从相对容易的几个方面下手。

朗玛将募集的10亿元资金主要放在构建慢病管理平台、药品通和互联网医院三个项目上(见图5-6)。

图5-6 朗玛募集10亿元资金的三个去向

慢病管理平台:朗玛信息计划与三甲医院合作,通过可穿戴设备,比如血压计、血糖仪、智能手环等,将获取的用户数据信息、年度体检信息以及重大疾病信息打包起来,由合作医院的特定部门针对用户存在的问题提供有效的诊疗方案。

药品通:提供药品的线上线下流通,朗玛对39健康网的收购为自己抢占了相当多的优势。39健康网拥有15年运作经验,掌握了全国最全的药品用户数据,包括所有药品的指标、性能等数据,朗玛利用39健康网的优势将线上、线下的药品资源打通整合,积极与药店开展合作,同时注意结合地区差异,与用户建立联系,通过比价为药店导流,并从中获得一定的利润。

互联网医院：投入 8 亿元的资金整合医疗资源，推动互联网医院的建设，并且已经得到政府的大力支持。

在这个新兴的领域内，任何一种创新模式都有可能为企业带来突破性发展，只不过到底哪一种模式才切实可行，还需要企业积极去探索。

**（3）身居僻壤反成优势**

朗玛信息所在的贵州省是位于中国西部的一个省份，虽然在传统意义上，贵州省在医疗资源方面并不具备优势，而且其经济发展以及活跃程度也远不如北京、上海、深圳、广州等地，但是朗玛却始终坚守在这片生它养它的热土上，即便是开展更具开发性的互联网医疗的布局工作也没有脱离故土，确实是一件值得深思的事情。

在 A 股市场上，大数据、大健康以及大金融三者的融合现象并不常见，但是朗玛能从贵州崭露头角也并非偶然。

2014 年贵州省政府印发《关于加快推进新医药产业发展的指导意见》和《贵州省新医药产业发展规划（2014—2017 年）》，计划到 2017 年，全省新医药产业总产值突破 800 亿元。

朗玛是贵州省唯一一家涉猎互联网医疗的公司，因此相对于经济比较发达和竞争比较激烈的地区来说，朗玛在贵州省拥有一个更加宽松的发展环境，同时贵州省政府对朗玛信息的大力支持，也为朗玛的发展提供了更强的驱动力。因此，从这个角度上来看，朗玛身处西部偏远地区也算是一种战略优势。

朗玛信息在互联网医疗领域的发展和布局，得到了当地政府的大力支持，主要表现在：

2014 年 8 月，朗玛信息与贵州省卫生与计划生育委员会在贵阳签署《贵州省远程医疗运营合作协议书》，双方约定，在未来 8 年的时间里，朗玛信息将作为第三方公司，主要负责贵州远程医疗的维护和运营；

2015年2月初,国家发展改革委、国家卫生计生委发文批准了远程医疗政策试点,而贵州省就是5个省区其中之一。

朗玛在积极布局互联网医疗的同时,也在筹备建立民营银行,并致力于将其发展成为别具一格的民营银行。贵州省内贫困人口占到总人口的9%,因此朗玛的民营银行将重点放在提供三农服务上,包括为贫困户提供疾病贷款、医疗垫付贷款服务等,还与健康、医保、养老以及疾病预防等结合起来,推出相应的业务。

同时,郎玛筹备的民营银行还将对大健康医药以及医疗发展提供重要的支持,形成自己独特的发展特色。除了医疗领域之外,银行还会将业务拓展到了互联网金融领域,推动银行信贷资产证券化。

朗玛信息虽然已经开始在互联网医疗领域全面发力,但是目前为止还依然处在蓝图勾画阶段,"理想很美好,现实很骨感",要想将理想真正落地,今后还有很长的一段路要走。

## 5.4 我国社区养老服务的现状及发展

### 5.4.1 我国社区养老服务概述

随着我国人口老龄化的发展，养老带来的各种问题逐渐显现出来。如今，庞大的老年人群体是我国必须重点关注的一个群体，但现在来看，我国的养老存在两点亟需解决的问题：一是养老机构的数量远远不够；二是养老方式已经过时，不能适应现代社会人口结构的变化。

当今社会生活节奏加快，青年人大都忙于自己的事业，而现在很多家庭又都是独生子女，所以，传统家庭的养老服务模式渐渐显露出弊端。在庞大的老年人群体中，还有一部分是独居者，老年人本身就是弱势群体，需要得到更多的照顾，由此，家庭已经远远不能满足老年人的需求，这逐渐演变成了一个社会问题，我国的养老工作面临的压力也越来越大。

基于这一客观事实，我国加快推进了社区养老服务的建设，它是为解决养老问题而采取的一种新方法、新手段，对缓解养老现状和稳定社会发展做出了巨大贡献。今后，社区养老也将是我国养老服务的一种主要模式。

（1）社区养老的含义

"社区养老"包括家庭养老和社区机构养老这两种模式（见图5-7），其中以家庭养老为主，社区机构养老为辅；在为居家老人提供服务时，又包括上门服务和托老所服务两种模式，其中以上门服务为主，托老服务为辅。

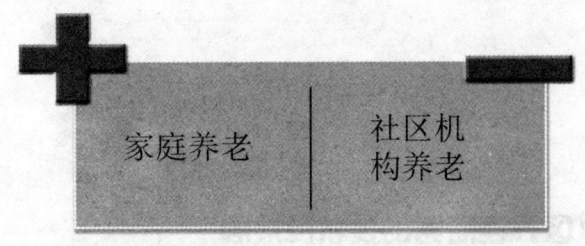

图 5-7 社区养老的两种模式

"社区养老"服务是通过政府的支持和社会各界人士的参与，逐步建立起来的一种以家庭养老为中心，以社区服务为依托的新型养老模式。这种模式的优点就在于：老人住在家里可以同时得到家人的照顾和社区的养老服务（包括生活照料、精神慰藉、文化娱乐、医疗保健等）。典型的"社区养老"包括送餐上门、老年饭桌、料理家务和"急救铃"等。

（2）社区养老的特点

社区养老的特点就是老人可以住在自己的家中，这样家人在照顾老人时比较方便，而且老人在自己熟悉的环境中，心情也会比较放松。同时，社区的相关服务机构也会在老人需要时提供上门或托老服务。

在收费方面，社区相关机构会根据老人的具体情况收取费用，如老人的身体情况、所需要的服务项目、老人的经济条件等。

（3）社区养老与其他养老方式的区别

我国现存的养老模式包括三大类：家庭养老、社区养老、社会养老（见图 5-8）。

图 5-8 我国现存的三类养老模式

家庭养老完全是以家庭为单位，是子女对父母的赡养。社会养老是由国家、亲人资助或老年人自助的方式，把老年人聚集在一个综合性服务机构中进行养老的方式。而社区养老是老年人在自己家中，由社区的养老服务机构提供上门服务，它集合了家庭养老与社会养老的优点，为我国养老问题的解决提供了新思路，是缓解我国养老困境的一种有效方式。

### 5.4.2 我国社区养老的现状及问题

**（1）我国社区养老的现状**

现阶段我国人口老龄化形势渐趋严峻，国家和各级政府加大了对社区养老的投入力度，近几年社区养老服务得到迅速发展，但是，也随之出现了一系列问题。

**（2）我国社区养老服务存在的问题**

①基础设施差、服务水平低。

老年设施过于简单，不能够满足老年人的活动需求，导致很多养老设施只是一个摆设。

医疗保健设施不健全，老年人一般体弱多病，简单的医疗设施根本不能为老年人提供急救或专门的护理服务。

老年人购物困难，现在市场上很多商品的目标消费群体都是年轻人，专门针对老年人的生活用品并不多。

精神文化、娱乐等不够丰富。老年人在退休离职之后，往往会感到无所事事，生活索然无味，他们更需要找点事做让自己的生活丰富起来。精神文化、娱乐等活动会让他们感到更加快乐，有利于他们的健康养生。

②政策法规不健全。

目前，我国仍然是世界上最大的发展中国家，随着经济的快速增长，一系列问题也日益突出,人口老龄化现象就是其中的问题之一。面对新的问题,老的政策和法规则有些过时,不能很好地保障老年人的合法权益。

③养老观念薄弱。

很多社区养老部门对目前出现的人口老龄化问题认识不足,所以,在开展养老服务的过程中,积极性不高。社区养老作为一个服务行业,对提高老年人生活质量、维护社会稳定都具有重要意义,相关部门只有意识到这份工作的重要性,并带着一份使命感去完成,才会真正地改善这一行业的服务质量。

④专业人员匮乏。

在养老服务业中大部分在职工作人员没有接受过正规的培训,素质高低不一,服务质量得不到保证,这必然会造成老年人的不满意,从而影响该行业的发展。

### 5.4.3 推行社区养老服务的必要性

(1) 从我国人口老龄化趋势来看

截至2012年底,我国60岁以上的老年人约为1.9亿,占总人口的14%。老龄化现象在不同地区之间也存在显著的差异,相对于经济欠发达地区,大中城市等经济较为发达地区的人口老龄化现象更为严重。以锦州为例,截至2013年底,全市60岁以上的老年人达48.2万,占全市总人口的15.6%,其中城镇中的老年人达17.65万,占全市老年人口的36.7%。

由此可见,我国人口老龄化,尤其是城市人口老龄化现象日趋严重,努力完善养老服务体系,解决老年人的养老问题已经刻不容缓。

(2) 从社会转型、家庭养老功能衰弱化来看

随着社会的进步、经济的发展,人们养老的观念也发生了转变。现代

年轻人为了事业的发展，为了追求梦想，很多人都是跨地域工作，用于照顾家人的时间少之又少，再加上很多是独生子女，他们既要忙事业，又要关心家人，必然会力不从心。

为了满足老年人的需求、改善老年人的生活环境、提高老年人的生活水平，适应现状的新型社区养老服务体系亟需成立。

**（3）从社会化养老机构需求量来看**

我国老年人口数量庞大而且还在不断增加，目前的社会养老机构已经无法满足如此庞大的老年群体的需求，机构养老只是作为缓解老年人养老现状的一种辅助方式，还不能够肩负我国老年人养老的重任。

目前我国的经济实力还比较薄弱，而要解决人口老龄化问题需要强大的物质基础，所以，寻找一种可以适应现状又能够解决问题的新型养老方式势在必行。

### 5.4.4 推行社区养老服务的意义

**（1）适应人口老龄化的发展要求**

随着社会的发展，传统的大家庭已经被小家庭取代，老年人与子女分开居住已经成为一种普遍现象，社区养老也逐渐体现出它的优势。

社区是老年人的主要聚集地，他们闲来无事时就会聚集在社区聊天、打牌、跳舞，因此，社区成为老年人的主要活动场所，而社区服务又让老年人得到更好的照顾，老年人对社区的依赖性逐渐增强。社区养老服务部门是专门为老年人提供的一种简便易行、涉及面广、服务周全的一个部门，不仅能让他们得到很好的照顾还能够消除老年人的孤独感，使其得到精神慰藉。由此可见，社区养老服务已经成为适应我国老龄化现状、解决老龄化问题的有效方法。

**（2）建立完善社会养老保障体系的重要补充**

目前，我国社会经济还处于欠发达阶段，在物质基础比较薄弱的情况下，一些养老机构服务水平还比较低，服务设施的数量少、质量差，这些客观情况都反映了现在的养老机构远远不能担负起我国老年人养老的重担。同时，有些养老机构的收费比较高，让很多老年人望而却步，还有一些老年人受传统观念影响，对养老机构有种心理上的排斥；对于那些已经入住养老机构的老年人，他们的生活可能会与社会脱节，从而会对生活产生无助感、乏味感。

针对以上问题，我国社区养老服务还有很长的一段路要走，只有完善社区养老保障体系，才能满足老年人的各种需求。

**（3）加强社会主义精神文明建设的需要**

加强社区服务体系的建设，努力满足老年人的各种需求，提高老年人的生活质量，丰富老年人的空闲生活，是社会主义精神文明的重要体现，也是我国对养老事业的新要求。如今，社区养老服务涉及老年人生活的方方面面，比如生活援助、医疗保健、健身娱乐、情感慰藉、学习教育等，同时，根据每位老年人自身的具体情况，提供个性化服务，在养老服务的过程中充分展示出对老年人的人文关怀。

**（4）维护社会稳定，促进社会和谐**

我国在经济发展水平还比较低的情况下进入了老龄化社会，要想解决人口老龄化问题，传统的养老方式肯定是行不通的，所以，我国亟需开辟一条新的道路来解决这一问题。而社区化养老就是针对我国老龄化现象实施的一种有效方法，它有效缓解了这一问题给政府带来的财政压力，为解决社会矛盾、维护社会稳定做出了巨大贡献。

### 5.4.5 我国社区养老服务的发展思路

如今的养老问题已经不再是满足老年人的基本需求这么简单,他们更渴望丰富多彩的生活,希望得到社会的认可。而随着我国经济实力的增强,社区养老服务将得到进一步改善,老年人的服务将得到更有利的保障。我国社区养老有以下发展思路(见图5-9)。

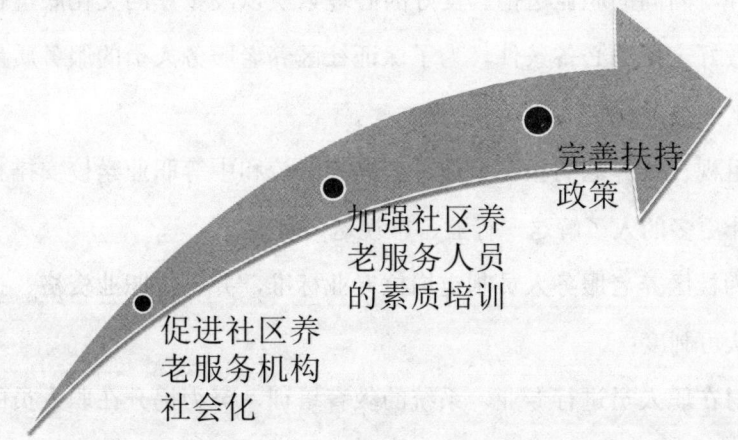

图5-9 我国社区养老服务的三条基本发展思路

**(1)促进现有社区养老服务机构社会化**

为了实现社区养老的自主经营权,增强社区的内部活力,促进社区养老的可持续发展,我国在成立社区养老机构时,有必要模仿经济领域中"政企分离"的做法,将政府与机构相分离,实现社区养老机构的自主化管理。因此,现有的养老福利机构要做到以下两点:

①开通各种投资渠道,鼓励国家、集体、社会组织和个人等多种主体的投入,实现投资主体、投资方式多元化,努力发展社区养老服务事业;

②根据我国养老现状和市场发展规律,形成一套适应现状的、有效的管理方式和运行机制,努力构建更加完善的服务体系,满足老年人的各种需求,促进社区养老服务事业的发展。

**（2）加强社区养老服务人员的素质培训**

随着生活质量的提高，如今老年人的需求不仅包括衣食住行这些基本需求，还包括更高层次的需求，比如精神文化、生活娱乐、心理咨询等。因此，为了满足老年人对社区服务的高层次需求，社区服务人员必须经过专门的培养训练，具备较强的专业技能，才能提供更优质的服务。

此外，高尚的职业道德、良好的心理素质以及宽厚的文化底蕴也是服务人员做好工作的必备条件。为了保证社区养老服务人员的服务质量，要做到以下三点：

①重视社区养老的教育培训，在高等院校和中等职业学校安排相应的课程，让更多的人了解这一行业、重视这一行业；

②为社区养老服务人员制定岗位专业标准，并制定职业资格、技术等级管理认可制度；

③对在职人员进行专业、系统的教育培训，努力提升在职人员的职业素养，进一步改善养老服务的服务质量。

**（3）完善扶持政策**

社区养老服务体系的成立，离不开政策的大力支持，主要有两方面内容：

①优惠政策。社区养老服务机构作为公益企业，在成立的过程中，国家应在用地、规划等方面给予相应的优惠政策。按照《中华人民共和国土地管理法》，社区养老服务机构在建设用地方面，采用划拨的方式取得土地使用权，还可以享受减免土地测量费用以及免征企业所得税的优惠。

②资金资助政策。根据老年人的身体状况（自理、半自理、不能自理），对老年人实行不同程度上的资金补助。

## 5.5 美国社区养老模式的启示与借鉴

### 5.5.1 美国社区养老的四种模式

随着我国逐渐进入老龄化社会,养老成为个人、家庭、社会需要面对的紧要问题,引起越来越多的重视。2012年,十一届人大常委会首次审议了《老年人权益保障法修订案》,提出要把主要依靠家庭的养老模式,转为"以居家养老为基础"。

本质而言,居家养老就是社区养老。即老年人的生活,由传统的家庭照料转向社区服务模式。作为世界上最发达的国家,美国的社区养老服务体系已经十分成熟,基本实现了"安养—乐活—善终"的老年生活目标。

因此,探讨美国的社区养老服务模式,能够为我国构建居家养老服务体系,提供有益的借鉴经验。

归纳起来,美国的社区居家养老系统,主要包括四种模式(见图5-10)。

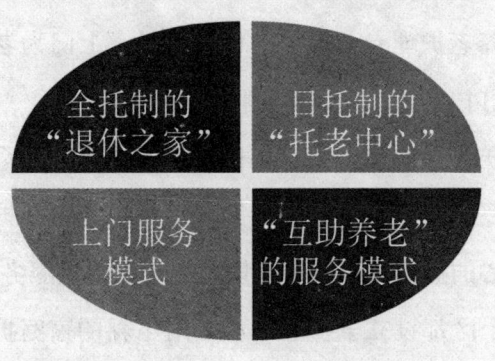

图5-10 美国社区居家养老的四种模式

### (1) 全托制的"退休之家"

这种服务模式类似于国内的养老院,老年人完全生活在其中。只是不论在基础设施还是服务内容上,都不是当前国内的养老院所能够比拟的。

例如,在基础设施方面,"退休之家"配有医务室、图书室、计算机室、健身房、洗衣房、紧急呼叫系统等,充分满足老年人的物质和精神需求。

在服务方面,则包括餐饮、卫生打扫、出行、活动等,尽可能地为老年人提供服务,使他们能过舒适、丰富、充实的生活。

### (2) 日托制的"托老中心"

这种服务模式,有些类似于国内的幼儿"托管园"。即白天生活在该服务中心,晚上则回家休息。这种服务模式,同样设施完备,并且也会为老年人提供多元化的服务。

例如,除了一人一房、一日三餐的物质服务外,托老中心还会为老年人准备阅览室、保健室、活动室等,以满足老年人的阅读、交流、保健等需要,提高生活品质。

### (3) "互助养老"的服务模式

即通过搭建交流平台,让老年人结识更多的同辈群体,从而实现生活上的互助和情感上的归属。

### (4) 上门服务模式

即派遣受过养老护理专业训练的保健人员,上门为老年人提供服务,包括洗衣做饭、打扫卫生、身体检查护理等。

独特的家庭护理员制度,为美国的居家养老服务体系提供了有力的支持。家庭护理员受过专业训练,兼具家政服务员与专业护士的职能,主要为家里或护理中心的孤独、伤残和长期病患老人提供服务。

纽约在每个区都设立了护理中心,对下辖的家庭护理员进行统一调配管理。护理员对老人的照料时间,主要取决于老年人的身体状况。

如果老人身体较好，生活基本能够自理，那么护理员每周只会安排三天进行服务，每天大概8到12小时。当然，如果老人出现突发情况，如意外受伤或生病，护理中心则会适当调整服务天数。而对于那些身体不好、无法自理的老人，护理中心每天都会安排护理员进行陪护。

为了保证老年服务的质量，真正使老人安享晚年，护理中心还制定了一系列的监察反馈机制。例如，护理员到达服务对象家里时，需要首先通过电话告知服务中心已到达。护理中心的管理人员，也会不定期地到老年人家里了解服务情况，并听取他们的意见。同时，中心还制定了相应的奖惩机制，以督促护理员更好地为老人服务。护理员薪酬由护理中心支付，每小时大概6到12美元。

除了家庭护理员制度，非营利性质的"居家养老院"、数量庞大的义工队伍，也是美国社区养老服务模式成功的原因之一。作为当前世界上最大的非盈利性老年照料机构，"居家养老院"分支机构已经覆盖了美国50个州的5000个社区；同时，每天有80万到120万的义工奔走于生活自理困难的老人家中，为他们提供各种服务。

此外，美国政府也大力支持居家养老服务的建设。例如，联邦政府会通过财政补贴的形式，弥补入托老人的费用差额。

通过以上四种服务模式以及其他配套系统和资源的支持，美国的居家养老服务体系，真正做到了物质保障、照料保障、医护保障和精神保障"四位一体"的老年服务，实现了"安养—乐活—善终"的老年生活目标。

## 5.5.2 美国养老社区的四种类型

美国社区居家养老模式的成功，与成熟的养老社区服务密不可分。总体来看，美国的养老社区主要有四种类型（见图5-11）。

图 5-11 美国养老社区的四种类型

生活自理型社区：主要针对有自理能力的 70～80 岁老人，社区主要提供一些基础服务，如餐饮、娱乐、保洁、维修、应急、短途交通、定期体检等。同时，老年人也可以支付一定的费用，获得更多的生活服务。

生活协助型社区：这一养老社区主要面向没有重大疾病，但生活无法完全自理的老人，一般年龄在 80 岁以上。社区提供的服务与自理型社区类似。

特殊护理社区：服务对象主要是有慢性疾病、术后恢复期及有记忆功能障碍的老人。养老社区与医院和专业护理机构有紧密的联系，社区内也会配备专业护士，为老年人提供医疗护理。

持续护理退休社区：主要是为老年人提供一体化的居住设施和服务，使当前可以自理的老年人在自理能力下降或丧失时，可以获得相应的照料，而不用被迫更换居所。这种社区，其实是前面三种养老社区的融合模式，包括自理、协助与特殊护理三个单元。

当前，在全美 1900 处 CCRC 社区（Continuing Care Retirement Community，持续护理退休社区）中，绝大多数是非营利性的（82%）；而对

营利性的养老社区运营商来说,他们更倾向于建设生活协助型社区(50%以上),这使此类社区在四种类型中发展得最快。

### 5.5.3 我国社区养老的三种模式

养老已成为我国社会面临的重要问题。截至 2010 年 11 月,我国 80 岁以上的高龄老人超过 2000 万,失能半失能老人有 3300 多万。总体上看,我国老年人口呈现出增长快、高龄化、空巢化、失能化的现象,加重了社会养老服务负担。

依托社区进行养老服务,能够有效满足老年人的物质和心理需求,也是世界各国普遍采用的养老模式。就我国来看,当前主要有三种社区养老模式(见图 5-12)。

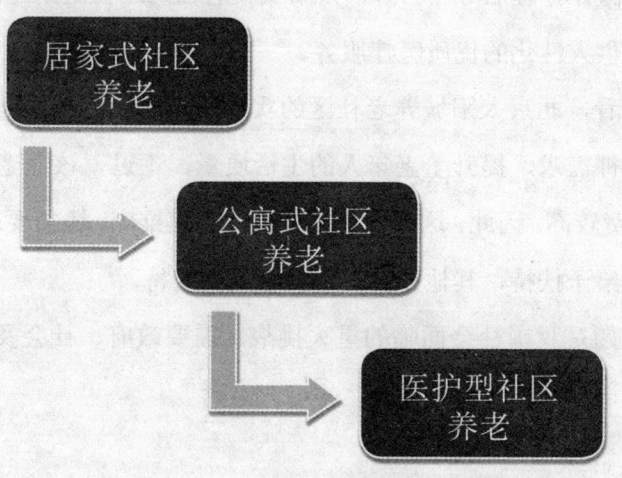

图 5-12 我国社区养老的三种模式

居家式社区养老:这是我国传统的养老模式,也是当前最普遍的形式。老人生活在传统社区中,主要依靠家庭和朋友的照料。不过,这种养老模式对家庭负担过重,因此需要向其他两种类型转变。

公寓式社区养老：即建立专门的老年公寓，为可以自理的老人提供专业化、个性化的服务。公寓中配有完善的基础设施和相关服务，可以满足老年人的多元化需求。这种类型与美国的自理型养老社区类似。

医护型社区养老：这种类似于特殊护理社区，主要针对那些不能自理的高龄或病患老人，为他们提供专业的医疗护理和生活服务。

北京太阳城是我国养老社区的典范，为我国探索公寓式、医护型社区养老，提供了有益借鉴。特别是宜老化、智能化、细节化的社区设计理念，更是得到广泛认可。

太阳城致力于医护型全程化养老社区的建设，对社区中的老年人进行细化分类，为不同类型的老人提供适宜的服务。例如，对于能够自理的老人，以居家养老为主；对于半自理的老人，采用介助形式，提供老人需要的服务；对于完全不能自理的老人，则采用医养结合的介护方式，为他们提供生活照料和医疗护理服务。另外，太阳城养老社区还会定期邀请医生出诊，为老年人提供人性化的优质医疗服务。

总体来看，北京太阳城养老社区的实践比较成功，基本满足了老年人的物质和精神需求，提升了老年人的生活质量。不过，该养老社区属于盈利性质，收费较高。因此，这种成功模式的大规模推广，还需要政府在政策、财政等方面给予扶持，其他社会团队和个人的支持。

老年问题是我国社会面临的重大挑战，需要政府、社会及个人的共同努力，才能实现老年人的"安养—乐活—善终"。

# 第6章

## 大数据 + 金融：
## 大数据时代的互联网金融

## 6.1 机遇 VS 挑战：大数据时代的金融业

大数据（big data 或 mega data），是指需要新处理模式才能具有更强的决策力、洞察力和流程优化能力的海量、高增长率和多样化的信息资产。其主要特点可概括为 4V（见图 6-1）：Volume（大量）、Velocity（高速）、Variety（多样）、Value（价值）。

图 6-1 大数据的主要特点

随着互联网的发展，以网络信息平台为主要竞争领域的金融机构，正逐步迈入"数据为王"的大数据时代。在这一时代，企业竞争力的强弱将不再仅仅取决于服务产品的优劣，还取决于对大数据的攫取、分析和处理能力。可以说，谁占有了数据，谁就能在市场竞争中获胜。

大数据时代的到来对所有行业来说都既是机遇，又是挑战。相比于其他产业，金融业在大数据应用方面其实拥有先天的优势：一方面，作为现代国民经济发展中轴和动力的金融行业，拥有大量高价值密度的数据资料，如客户身份、资产负债情况、资金收付交易等信息，对这些数据进行的挖掘、分析、处理，会产生巨大的商业价值；另一方面，作为现代经济运行中"管钱"的行业，金融业的发展前景也比较好，能够吸引到足够的高端人才对大数据技术的使用。

经过多年的积累发展，再加上"互联网+"时代下技术和平台的推动，我国的金融行业可以说已经初步迈入了大数据时代。国内金融机构的数据量已经达到100TB以上级别，且非结构化数据量也正在快速增长。

那么，面对势不可挡的大数据时代的到来，金融业会迎来怎样的机遇，又会面临哪些冲击和挑战呢？

### 6.1.1 机遇：推动金融产业转型升级

互联网技术和大数据技术，必然会给不断向互联网化转型的金融业带来新的发展机遇（见图6-2）。

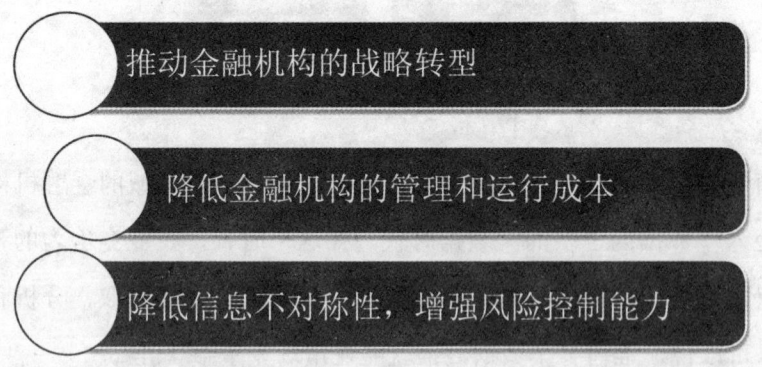

图6-2 大数据给金融业带来的机遇

**（1）大数据推动金融机构的战略转型**

当前，受国内宏观经济结构调整和利率市场化的影响，再加上经济金

融化、金融市场化带来的"金融非中介化"的转变,商业银行等金融机构作为主要金融中介的地位正在下降。主要表现为核心负债流失、盈利空间不断收缩,以往的业务定位已经无法满足"互联网+"时代的市场需要。

不管是新的客户需求,还是企业的竞争需要,都要求金融机构进行业务上的调整和创新。只是,现阶段国内金融机构的业务创新,大都只是进行简单的监管套利。即通过注册地转换、金融产品异地销售等途径,从监管要求较高的市场转移到监管要求较低的市场,从而全部或者部分规避监管、实现获益。

大数据技术的成熟,让金融机构的深化转型和创新成为可能。金融机构可以利用其天然的高价值密度数据信息,挖掘客户潜在的消费需求,从而准确定位市场需求和资源配置,推动业务的转型创新。

**(2)大数据技术能够降低金融机构的管理和运行成本**

利用大数据技术,金融机构可以增强自身的洞察力和决策力,找到内部的管理运营缺陷,并优化机构运作流程,从而降低管理和运行成本。另一方面,对具有高价值密度的大数据信息进行挖掘分析,可以让企业更好地了解客户的消费习惯和需求,并以此调整沟通渠道和营销手段,以获得预期的市场效果。

**(3)大数据技术有助于降低信息不对称性,增强风险控制能力**

以往金融机构对客户信息的获取,主要来源于客户本身提供的财务报表等。这种信息流通的不对称性,使金融机构在对客户进行信用评定时承担了很多不确定的风险。大数据时代的到来,使金融机构可以实时获取客户的资产价值、账务流水、业务活动等流动性数据,并进行动态和全程的监控分析,从而增强风险控制能力。

例如花旗、富国、UBS等国际先进银行,能够通过对大数据的挖掘、分析、处理,整合出客户的资产负债、交易支付、流动性状况、纳税和信用记录等信息，并计算出动态违约概率和损失率，实现对客户的全方位评价，从而提高贷款决策的可靠性，实现对信用风险的有效控制。

### 6.1.2 挑战：颠覆传统金融产业格局

当然，任何变革和转型都不会是一帆风顺的，机遇往往与挑战并存。金融机构要想顺利与大数据技术进行融合，实现对大数据优势的有效利用，完成自身的变革转型，需要首先处理好相关的风险和挑战（见图6-3）。

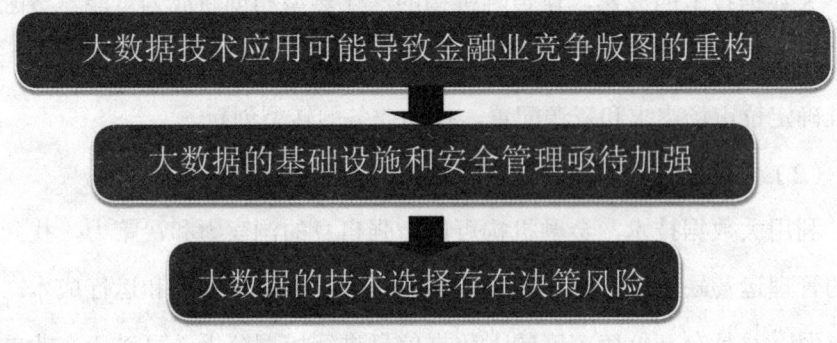

图6-3 大数据给金融业带来的挑战

**（1）大数据技术应用可能导致金融业竞争版图的重构**

国家政策的转变、市场的开放化以及互联网技术和平台的发展普及，一方面降低了金融行业的准入标准，使越来越多的市场主体参与进来；另一方面，更多非金融机构，特别是大型的互联网企业，开始越来越多地介入到金融领域中来。这些大型互联网企业（如阿里、腾讯等），往往能够利用自身的技术和平台优势，在金融服务市场中站稳脚跟，甚至抢占原有金融机构的"蛋糕"。

因此，大数据技术的应用，既为金融机构的腾飞带来了契机，也对原有的竞争市场产生冲击。如果传统的金融机构不能突破固有的组织架构、业务流程、管理模式，不能利用自身的大数据优势进行相应的变革和转型，那么，就很可能会被新的市场竞争淘汰。

**（2）大数据的基础设施和安全管理亟待加强**

大数据时代，金融机构的数据分析已经不再仅仅局限于财务报表等结构性数据，而是更多地涉及影像、图片、音频等非结构化数据。这一变化，对金融机构在软硬件基础设施升级和安全管理等方面，提出了更高的要求。

如今，金融大数据安全问题，已经成为金融业大数据转型不容忽视的议题。近年来，国内金融机构也一直致力于对金融数据的保护。但是，业务链的延伸、云计算的普及、系统复杂度的提高等因素，都进一步增加了大数据的风险隐患。金融企业在搭乘大数据的便利之时，也不得不承担由此带来的风险。

**（3）大数据的技术选择存在决策风险**

从当前国内整体发展来看，我国大数据技术和平台的建构还处于摸索阶段。不论是技术层面，还是法规制度建设方面，都有待发展完善。比如，金融业传统的事务型数据库，主要用来对结构化数据进行分析，缺乏对非结构化数据的处理能力。然而，大数据时代的数据信息越来越偏重于图片、影像等非结构化数据，因此需要建构出一个成熟的分析型数据库，这样才能够充分利用大数据技术的优势。

对金融机构来说，需要准确把握和定位大数据发展的整体趋势，选择最合适的时机进行大数据技术的升级转型，既不超前也不保守滞后。只有这样，才能最大限度地避免因决策不当对企业发展造成负面影响。

### 6.1.3 融合：“大数据 + 金融”的应用

虽然金融业的大数据技术应用只是初现端倪，但其发展前景和影响却不容忽视。在战略发展规划层面，金融机构的高层管理者需要准确把握当前大数据技术的整体发展态势，在综合考虑资本、网点、人员、客户等传统要素的前提下，及时搭乘大数据时代的顺风车，加强对互联网、移动通信、电子信息平台等相关方面的研发，以便更好地挖掘、分析、利用自身的大数据优势。

同时，金融企业也要在自身的发展和服务中推动思维、流程、方式方法等方面的转变，一方面，以大数据的理念和思维推动决策从"经验依赖"型向"数据依靠"型转化；另一方面，通过对大数据技术及互联网、信息平台等方面的投入，实现以渠道整合、信息网络化、数据挖掘等为基础的金融服务产品的开发、创新。"大数据＋大金融"的应用，有以下几大要素（见图6—4）。

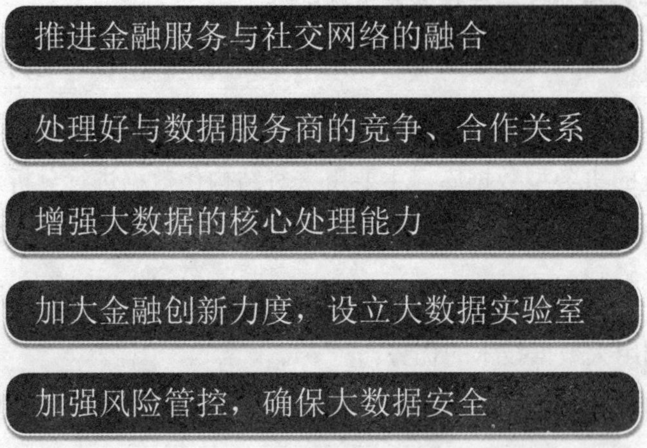

- 推进金融服务与社交网络的融合
- 处理好与数据服务商的竞争、合作关系
- 增强大数据的核心处理能力
- 加大金融创新力度，设立大数据实验室
- 加强风险管控，确保大数据安全

图6-4 "大数据＋金融"应用的五大要素

**（1）推进金融服务与社交网络的融合**

"互联网＋"时代，关注就是效益。金融机构要想利用大数据技术实现自我变革，首先需要转变传统的发展思维，充分利用互联网、社交新媒体等平台吸引消费者的关注，并积极与客户交流沟通，以此获取和挖掘更

多的市场需求和客户数据。

简单来说，就是金融服务要社交化，融入到社交网络中，以便满足更加多元化和个性化的服务需要。要做到这一点，可以从以下几个方面入手。

①通过新的社交网络平台，与客户积极深入的交流沟通并提高企业的知名度和美誉度，打造出具有核心品牌优势的服务产品。

②网络平台的发展，使人们的互动超越了时空限制，可以随时随地进行线上交流沟通。金融企业要充分利用微信、微博、论坛等网络新媒介，拓展客服渠道，让客户体验到更加多元化的服务。

③大数据技术的一个重要特点是，可以实现对数据背后信息的深度挖掘和分析。金融企业不仅要关注自身内部数据，还要充分重视互联网络的社交数据，挖掘出更加完整的市场需求信息，以便精确定位和维护客户关系。

④利用大数据技术挖掘、分析社交网络和移动数据等背后的消费信息，有针对性地进行产品创新和高效营销。

⑤随时关注社交新媒体的舆论动态，采取多种措施避免风险事件的发生，积极维护自身的良好口碑。

**（2）处理好与数据服务商的竞争、合作关系**

在"数据为王"的"互联网+"时代，谁拥有数据，谁就占有市场和利润。而金融机构，由于处于支付链的末端，往往无法从电商平台获取大量数据信息。因此，金融企业可以从两个方面着手，实现对数据信息的掌控。

①自办电商，搭建数据平台，将数据掌握在自己手中。不过，金融机构不是专业电商企业，自建数据平台时往往会面临各种问题，操作起来比较困难。

②与数据服务商进行战略合作，共享数据信息，实现双赢。金融企业往往有着高价值密度的数据资源，这是任何机构都渴望获得的；电商、社

交网络等平台,也有着金融机构无法比拟的海量数据信息,这些数据也是金融企业希望能够拥有的资源。这种双向需求为他们的分工合作提供了基础和前提。

**(3)增强大数据的核心处理能力**

海量数据的占有只是大数据应用的前提,更重要的是要拥有对数据挖掘、分析、整合、处理的技术和能力(见图6-5)。

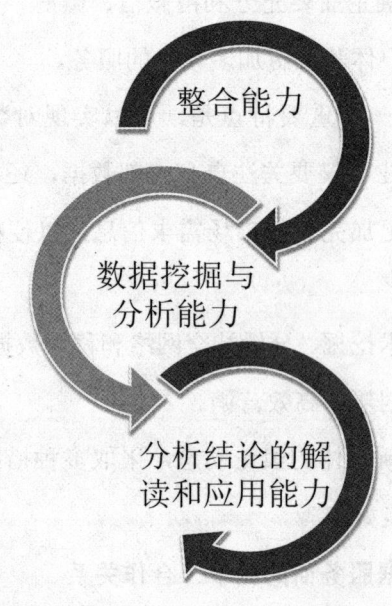

图6-5 大数据的三大核心处理能力

①强化大数据的整合能力。

大数据不仅包括金融企业自身的数据信息,也涵盖了金融活动链条上的其他外部数据。问题是,当前不同行业和渠道的数据还没有一个统一、规范的标准和格式,这就大大增加了对大数据的利用难度。因此,金融机构要不断创新研发出具有强大整合能力的技术,以便能够对不同来源的数据信息进行提取、转化,最终整合出自身发展所需要的完整的客户视图。

②数据挖掘与分析能力。

将以往的"事务型数据库"重构为"分析型数据库",以应对大数据时代大量非结构化数据的涌现,增强自身的数据挖掘和分析能力。

③大数据分析结论的解读和应用能力。

利用金融业的行业优势,吸引更多的精英人才,打造出一个兼具金融服务业务能力和大数据挖掘解读能力的复合型团队,以便更精确地实现对大数据信息的解读和应用。

(4)加大金融创新力度,设立大数据实验室

对大数据技术的应用不仅涉及数据的收集、分析、处理,还涉及金融机构的业务流程、产品创新、管理模式甚至思维方式等的一系列变革。因此,金融企业需要设立一个专门的大数据实验室,对业务方案和流程、产品创新和营销、管理体制和收益风险等内容提前进行试验,以便优化不足之处,实现以大数据为支撑的创新、转型。

具体来说,要在方法上突破以往的FICO财务信用评价模式,更多地依靠云计算等针对海量数据的分析工具,研发出具有自我更新能力的多维度分析模型,以应对互联网数据的非结构化趋势。例如,可以对大量数据进行分布式处理的软件框架Hadoop以及Hive(基于Hadoop的数据仓库工具),就是目前市场上具有较强数据整合分析能力的新技术,能够有效开发出大数据的市场价值。

(5)加强风险管控,确保大数据安全

大数据的应用,除了技术方面的难题之外,还有安全方面的挑战,即如何在日益开放的"互联网+"时代确保大数据的安全性。如果金融机构不能有效处理数据安全问题,那么,大数据就不是"大机遇",而是"大风险"。

"互联网+"时代,数据安全问题出现了更多的不确定和不可控性,

这要求金融企业必须加强与相关机构的合作,创新数据安全管理系统,尽可能预判风险。同时,建立风险补救机制,以便在数据风险发生时及时采取行动,降低风险的破坏程度。

①"互联网+"时代,大数据安全性问题是所有行业都要面对的难题。因此,金融机构应该积极与大数据链条中的其他机构合作,加强自我监督,进行技术共享,以便共同改善数据安全管理机制,推动数据安全标准。

②金融企业应主动与相关的监管机构合作,积极研发新的数据安全技术,提升自身的大数据安全水准。

③加强与客户在数据安全方面的交流沟通,培养起客户的数据安全意识也是必要的。

总之,大数据的安全管理不是单靠一家之力就能解决的,而是需要相关各方(企业、监管机构、客户)的协同努力,才能形成大数据风险管理的合力效应。

## 6.2 大数据金融的演变与进化

### 6.2.1 大数据金融 1.0 时代

随着移动互联网的发展以及传感器的应用，大数据逐渐融入金融领域，用于解决信息不对称问题。在大数据时代初期，大数据主要用于数据的收集、存储、分析、利用，关注的是数据处理的效率问题，而忽略了对非结构化数据的处理。直到进入大数据金融 2.0 时代，企业开始生产差异化产品，追求高额附加值，大数据又重新进入人们的视野。

在大数据 1.0 时代，实现了庞大的数据规模、快速的数据流转、动态的数据体系以及多样的数据类型，但数据价值还没有实现。因此，人们误认为大数据的价值名不符实，更像是企业销售产品的过度营销。

移动互联网的出现使大数据的应用成为可能，信息不对称的难题得到解决，为企业投资管理提供了便利，带来了经济效益，这些无不证明全要素的大数据时代已经到来。

金融业的发展离不开互联网的支持，"互联网+金融"模式深受金融机构的欢迎，特别是银行。随着互联网的发展，银行的业务模式也在不断发生变化，从银行系统发展到 ATM 自助取款，再到信用卡以及基于互联网发展起来的网上银行，银行一直是高度依赖信息和互联网发展的。

在未来，移动互联网将成为银行降低成本的一个渠道，通过移动互联网，银行获得大量的用户，并利用大数据分析用户资料，实现经济效益。

而随着金融机构的风控水平提高、人们的投资意识增强,未来必将进入金融机构(如证券业、保险业)的黄金时代。

大数据在金融业的发展中起着不可忽视的作用。如果把金融业比作一辆汽车,信息系统是它的发动机,那么大数据就是燃油,没有大数据的金融只是一辆无法行驶的汽车。大数据降低了金融行业的成本和风险,促使金融行业繁荣发展。在大数据 1.0 时代,大数据,尤其是移动大数据还无法充分发挥其价值,金融机构关注的依旧是数据处理的效率问题,大数据只能进行数据的收集、存储、分析、处理等,非结构化数据的处理成为难题。

### 6.2.2 大数据金融 2.0 时代

2015 年是大数据 2.0 时代的元年,大数据的价值被发掘出来。相比于大数据 1.0 时代,大数据 2.0 时代在重视效率的同时更侧重于数据的价值。

**(1)大数据金融平台(DMP)的出现**

金融行业的发展离不开数据的支撑,从使用传统方式处理用户信息到借助于互联网的优势处理用户信息,大数据一直是金融行业重视的对象。无论是处理交易和记账记录、转发报文,还是存储、分析、利用数据,大数据一直贯穿金融行业发展的始终。

随着移动互联网的发展,时间和地域的限制被打破,人们可以随时随地投资、借贷,而银行机构也适时在移动互联网终端推出 APP,但是新产生的用户信息无法用原有的数据系统处理,而金融行业想要适应信息化时代的市场格局,必须适时更新数据库信息,尤其是用户交易数据、信用数据、用户自身的 APP 行为数据、交易行为数据等。

在大数据 2.0 时代,只有用户的数据发挥应有的价值,金融行业才能实现精准投融资。这时就需要 DMP(数据管理平台)收集移动互联网终端

的用户行为，再根据金融行业原有的信息进行分析，并借助外部平台共享其他企业的数据信息，最终实现将大数据变现。金融行业可通过DMP管理用户的信息，并可随时更改用户的标签、画像，实现精准投资，降低风险和坏账率。

在大数据1.0时代，Hadoop可帮助用户开发程序，进行高速存储和运算；在大数据2.0时代，DMP也发挥了类似Hadoop的作用，加速金融行业的互联网化进程，将大数据与金融行业深度融合，产生了巨大的经济效益。同时，DMP也为金融行业的业务发展提供了技术保障。DMP所带来的商业价值主要表现在通过分析用户数据，建立数据模型，最终产生数据价值。

数据管理平台DMP有助于金融机构在行业竞争中制胜。和互联网金融相比，传统金融业的显著优势就是可以利用互联网带来的诸多便利，实现数据共享，达到精准分析；而DMP的出现，则可以帮助金融行业与BAT以及互联网金融竞争。

毫无疑问，融合了移动互联网大数据以及DSP的数据管理平台DMP，将是未来金融领域大数据应用的趋势。

（2）移动大数据将作为基础数据

大数据2.0时代，移动互联网大数据的作用凸显。金融机构在整合分析自身APP应用中的用户数据时，还要重视其他移动互联网企业终端的用户数据，从而打破数据限制，与外部数据进行合作，实现大数据变现。

移动互联网大数据是金融行业数据库的重要组成部分，也是金融机构发展的基础。移动互联网大数据能够处理传统数据所无法完成的海量信息，并进行数据建模，挖掘数据潜在价值。

金融行业需要谨慎选择合作伙伴，尤其是要考虑是否与BAT形成竞争关系，在百度、阿里巴巴和腾讯的雄厚实力和互联网优势面前，中小企业不堪一击。通常来说，新兴的独立互联网大数据公司是金融行业不二的合作对象。金融行业在与这些企业合作时会有更大的自主权。

### (3) 标签成为大数据金融的重要武器

标签原本只是用来标志产品的目标和分类的，即将同一属性的产品聚集到一起，但随着互联网尤其是移动互联网的发展，标签的分类变得更细致，更具专业化。

在大数据 2.0 时代，标签随处可见，成为大数据金融的标志之一，各个领域都用标签将自己与其他行业相区别。

标签在各大行业都备受重视，尤其是金融行业，标签越细化、覆盖范围越广，越能体现金融行业大数据应用的成熟度。根据标签发挥的不同作用，可以将标签分为基础标签、时效标签、相关标签、预测标签、个性标签等。此外，标签还有多种定义方法，可以从个人或企业的角度定义，对于金融行业来说，需要根据用户数据从企业的角度定义。

大数据金融行业的标签相当于一个用户的画像，从标签中可以了解企业的产品属性。为了吸引用户，企业一般用具有挑战性的话题定义标签，以此实现精准营销。

### (4) 用户画像将成 CRM 的必要信息

在大数据金融 2.0 时代，客户的中心地位逐渐得到确认，金融行业正向以客户为中心的商业模式转型，银行、证券、基金、保险等企业也纷纷使用 CRM 管理客户，以此提升管理方式和为客户提供个性化服务。

金融机构在使用 CRM 系统管理客户关系时，需要收集用户的基本数据以及信用数据，此外还需要收集用户的画像信息。数据管理平台 DMP 为企业提供用户的消费行为数据、用户的喜好数据，以便企业能迅速绘制出用户的图像信息，从而增强企业在金融市场的竞争力。用户图像信息可以使金融行业的工作人员在接触客户之前，就对客户有所了解，如地域、年龄、职业等，以拉近与客户之间的距离，满足客户的需求，从而提高工作效率。

除此之外，大数据金融 2.0 时代还具备算法的自我优化和移动 APP 运营监控等特征，它们都对金融行业的发展有着不可替代的作用。

## 6.3 大数据在金融行业的渗透与应用

### 6.3.1 大数据在金融行业的投资分布

赛迪顾问发布的一项调查数据显示：在中国的大数据 IT 应用行业投资结构中，互联网行业以 28.9% 的比例稳坐第一位，第二位的电信行业比例为 19.9%，三到五名依次为金融行业、交通行业、政府。

另外，全球著名的管理咨询公司麦肯锡的报告表明：在大数据整体价值潜力方面，信息技术、金融保险、批发贸易、政府四个行业的潜在价值最大。而从行业内企业的数据量方面看，信息、金融保险、公用事业、计算机及电子设备的数据量名列前茅。

由此可以看出在金融行业大数据的应用是一大热点，其中蕴藏的潜在价值不可限量。那么，金融行业到底该如何开发这个宝藏？大数据在金融行业的应用有何意义？下面就金融行业的大数据应用进行说明。

从下面这张图片（见图 6-6）中很容易知道，国内的金融行业大数据应用投资中银行将会成为核心部分，其次是证券、保险。下面对大数据在银行、保险及证券的应用方面进行具体分析。

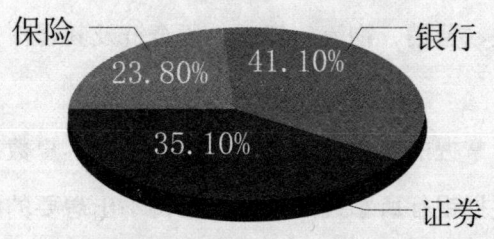

图 6-6 中国金融行业大数据应用投资结构

## 6.3.2 大数据在银行领域的应用

当前国内的多家银行已经开始在大数据应用方面进行尝试,光大银行利用大数据开发了社交网络信息库,招商银行利用大数据开展了小微贷款业务,中信银行信用卡中心也用大数据实施营销。整体来看银行应用大数据主要有四个方面(图6-7)。

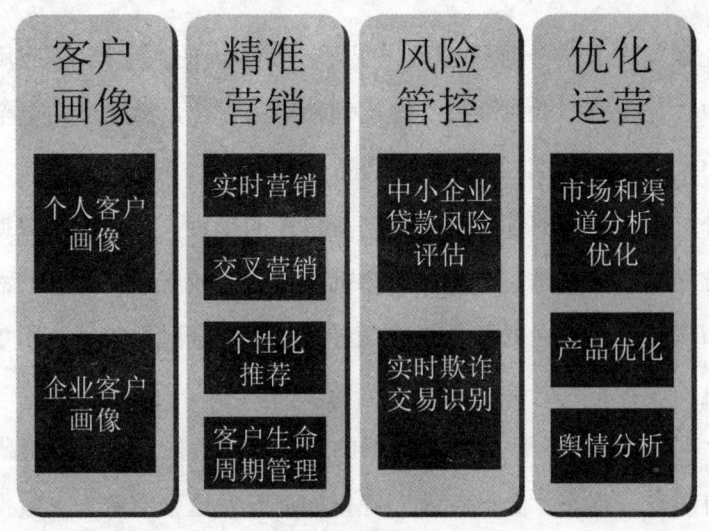

图 6-7 银行应用大数据的四个方面

**(1)客户画像**

客户画像应用主要有个人及企业客户画像两个方面。个人客户画像有消费者能力、兴趣、行为习惯及人口统计学特点等数据;企业客户画像主要有产品设计开发、营销、物流、售后、资金链及其合作伙伴的相关资料等数据。

现阶段银行所掌握的数据并不完善,而且掌握客户数据的渠道相对比较单一。有时仅根据银行所掌握的片面数据得不出想要的结果,甚至结果与事实截然相反。

以某银行的一位信用卡用户为例,该用户每月刷卡9次左右,每次的刷卡金额大约在1000元,每年拨打客服电话5次左右,从来没有进行过投诉。银行根据这些数据得出该用户对银行服务比较满意度,是一个不易流失的客户。

但是如果银行负责收集数据的工作人员看到该用户发表在微博上的抱怨就不会这么乐观了,事实上该用户的信用卡及工资卡并不属于同一家银行,还款流程比较繁琐,打了多次银行的客服电话,结果电话总是占线。真实的情况是,这是一个极易流失的客户。

这个事例说明银行要应用大数据进行业务分析,必须保证所持有的数据具有权威性强、覆盖面广、精确度高等。要做到这一点必须完成以下,数据统计工作(见图6-8)。

| 客户画像 | | | |
| --- | --- | --- | --- |
| 客户在微信、微博等社交平台上的数据信息 | 用户在以阿里、京东为代表的电商平台的交易数据 | 企业级客户的上下游产业数据 | 银行能够掌握的与用户相关的其他数据 |

图6-8 客户画像分析包括的数据统计工作

①客户在微信、微博等社交平台上的数据信息。光大银行开发出了社交网络信息数据库,对银行内部掌握的数据和客户在社交平台上的数据进行分析得出初步的用户的整体形象数据,并根据这些数据进行精准营销和

用户管理。

②用户在以阿里、京东为代表的电商平台的交易数据。建设银行推出的善融商务企业商城涵盖了电子商务与信贷业务，阿里信用贷款只需要借助用户之前的交易量及网上信用评价，就可以为阿里用户提供无抵押贷款。

③用户企业级客户的上下游产业数据。银行通过对企业上游的原材料供应商以及下游的产品深加工商的数据收集，可以科学地预测出企业未来的发展情况，并对企业进行信用评价。

④银行能够掌握的与用户相关的其他数据。例如当下新兴的DMP（Data-Management Platform）数据管理平台，可将收集的数据进行标准化与细分，并将这些结果融入到营销环节之中。

（2）精准营销

在客户画像的前提下进行有针对性的精准营销。

①实时营销。实时营销是在以"消费者为中心"的理念下，根据消费者的实时状态进行营销。在产品及服务被消费者购买的同时收集用户信息，掌握消费者的习惯与偏好、消费者的状态变化等，及时调整产品及服务功能，实时满足消费者的需要。

②交叉营销。向用户推荐不同类型的产品及服务的营销方式。招商银行利用客户的交易数据识别出中小企业客户，再利用其远程银行来进行交叉销售。

③个性化推荐。银行可以根据掌握的用户信息进行相关业务的推荐，也可以根据客户的不同特点找出共性重合度较大的人群，为其开发定制的产品及服务。

④客户生命周期管理。客户生命周期管理主要包括客户获取、客户的维护以及客户赢回等内容。招商银行在企业内专门建立了客户流失预警模

型，对一些处于危险阶段的客户通过向其提供一些高回报率的金融产品重新吸引他们，这一措施使得招商银行的客户流失率得到有效控制。

（3）风险控制

主要有中小企业贷款风险评估及欺诈交易分析等措施。

①中小企业贷款风险评估。银行通过收集并分析企业的销售、资金链、物流、合作伙伴、产品的定位人群等信息对企业的信用等级进行划分，从而指导中小企业的贷款，实现贷款风险的有效控制。

②实时欺诈交易识别。银行收集持卡人的身份信息、银行卡信息、交易历史信息、银行卡实时的状态信息等，并引入智能规则引擎技术，当账户出现异常时，比如陌生账号跨国交易、在一个不熟悉的地域进行大额在线交易等，将会进行实时欺诈交易识别。

2014年IBM发布的智慧反欺诈解决方案，每年可以帮助企业减少因诈骗和金融犯罪而引起的上万亿的损失。早在2012年，摩根大通银行就研发了基于大数据分析的盗用客户账号追踪技术并将其应用到识别不法分子入侵自动取款机系统的犯罪行为中。

（4）优化运营

①市场与渠道分析优化。采用大数据技术，银行可以对各种营销渠道（重点是网络营销渠道）的实际营销效果进行实时监控，并根据这些情况进行资源的重新配置、产品及服务的优化调整等。还可以分析出各种渠道内适合推广的业务类型，从而改善渠道的业务推广策略。

②产品和服务优化。银行对客户的行为进行数据化处理，分析出用户的个性、爱好、财产状况等，对客户的一些习惯进行分析，从而为客户提供个性化的产品及服务。兴业银行采用大数据技术对用户进行分析，对用户进行不同等级的划分，再根据这些划分后的群体特征提供差异化产品及服务。

③舆情分析。银行通过云数据抓取技术,搜集用户在社交平台、电商平台关于银行的评价信息数据,并进行分析处理,从而找到用户对银行产品及服务的正面及负面信息。对负面信息进行深入研究,查找造成这种情况的内在原因,从而及时进行调整;对正面的信息进行总结,进一步强化自身优势。当然也可以在这个过程中找到同行业竞争者的优缺点,取其精华去其糟粕从而完善自身的发展。

### 6.3.3 大数据在保险领域的应用

传统保险行业的代理人作为连接客户与保险公司的中介,在保险行业中扮演了重要角色。而代理人的能力及其社交网络则成为保险业务成交与否的关键所在,在这个时期大数据并没有发挥出强势的推动作用。

但是随着移动互联网技术的发展以及移动设备的迅速普及,各种新兴营销渠道,比如网络营销、移动营销以及电话营销的应用逐渐广泛,大数据在此时成为各大保险公司的战略资源。

大数据分析在保险行业中的关键应用集中在精细化营销、欺诈分析、精细化运营三个方面(见图6-9)。

**(1)精细化营销**

①客户细分和差异化服务。用户对于风险的偏好往往决定了保险产品交易的成败,我们知道,用户对风险的态度通常有三种:爱好、中立、厌恶。风险厌恶者通常是保险的潜在客户。进行客户细分的时候,除了风险的偏好之外,还要考虑用户的性格、家庭、职业、社交圈等数据,从而对他们进行分类并相应地为他们提供差异化服务。

②潜在客户挖掘及流失用户预测。保险企业在对客户线上及线下行为的数据进行收集与分析之后,找出具有潜在购买意向的人群,再结合各种

营销渠道去开展这些人的保险业务。预测流失用户时应对用户的消费情况、客户的个人信息、购买的保险类型等要素进行收集，找出客户退保及投保的影响因素，从而实现对用户的退保率评估，并及时对这些有高退保率风险的客户进行策略调整，从而保持继续率（续保率）的稳步增长。

③客户关联销售。保险公司可以根据用户的特点及其购买的险种进行分析，进而向其推荐一些相关险种，同时，对用户的后续投保做出预测并建立数据库，从而增加保单的销量。此外，保险公司还可以利用大数据技术直接对接用户需求。

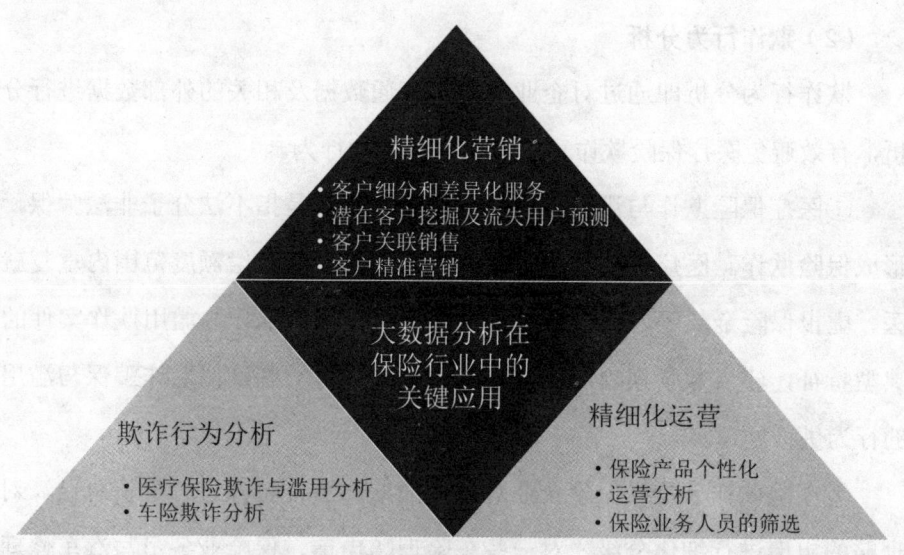

图 6-9 大数据分析在保险行业中的三方面应用

淘宝的退货运费险就是应用关联销售的典型。多盈金融中心统计的数据显示：淘宝的用户退货运费险索赔率超过 50%，运营此产品只能给保险公司带来 5% 左右的利润，从保险公司的角度来看这并不是一个成功的产品，但是却有很多保险公司争相与淘宝合作，坚持做这项保险业务。背后隐藏的秘密就在于消费者购买退货运费险之后保险公司可以获得用户的基本信息,从而可以向用户推送其保险业务。

比如购买汽车配件的客户,保险公司可以向他推送车险;购买儿童玩具的用户,保险公司可以向他推送儿童分红险、教育保险等,这些关联险种的推送能给保险公司带来巨大的收益。

④客户精准营销。在网络推广营销渠道,保险公司可以通过对用户在网络生活中的信息收集,掌握用户的兴趣爱好、生活习惯、职业、家庭、所在地区、社交圈等数据,在保险业务的推送中根据用户的这些数据信息做到精准营销。

(2)欺诈行为分析

欺诈行为分析即通过对企业的内部流通数据及相关的外部数据进行分析,有效避免医疗保险欺诈、车险欺诈等各种行为。

①医疗保险欺诈与滥用分析。医疗保险欺诈是指不法分子非法骗保,形成保险欺诈。医疗保险滥用是指一些人在保险的赔偿额度范围内重复就医、虚报保险金额等。保险公司可以收集医疗保险欺诈与滥用欺诈案件的典型特征,建立数学模型,应用智能化处理,将一些疑似欺诈骗保与滥用的行为进行处理。

②车险欺诈分析。保险企业对以往的欺诈事件特点进行分析总结,对理赔的申请进行细化分级,对一些车险理赔申请、保险业务员与汽车修理厂联合进行的欺诈行为进行有效管制,可以有效减少车险的欺诈行为。

(3)精细化运营

①保险产品个性化。传统模式下的保险公司通常对大量客户进行同一种险种的营销,往往忽略了这些用户的差异化需求。如今应用大数据分析,保险公司可以掌握用户的基本信息及其在社会生活中的数据信息,从而可以为客户提供个性化的保险产品,为客户定制合适的投保方案等。

②运营分析。对保险公司的运营、管理及与客户的沟通信息进行分析,

依靠大数据分析技术统计企业的销售情况、业务人员成交量、企业的运营管理等，帮助企业调整战略布局，规避一些潜在风险，实现合理化运营。

③保险业务人员的筛选。对保险业务人员的业绩、性格、年龄、家庭构成、工作经历、兴趣爱好等数据进行分析，找出优秀业务员的共性，并挑选潜力大的员工进行重点培养等。

#### 6.3.4 大数据在证券领域的应用

大数据应用及分析在其他领域的巨大作用，使证券企业开始重视大数据。如今大数据在证券行业的应用尚处起步阶段。由于其发展时间相对银行及保险业较晚，许多方向及领域还没涉及，当下国内大数据在证券上的应用主要有以下几个方面（见图6-10）。

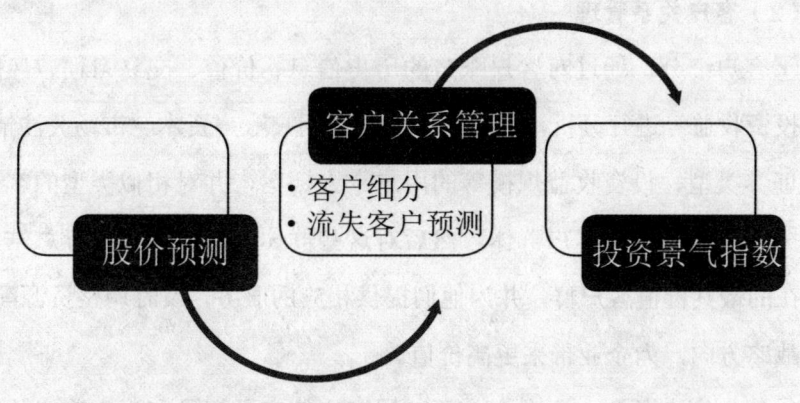

图6-10 大数据在证券行业的三大应用

**（1）股价预测**

英国对冲基金（Derwent Capital Markets）于2011年5月份在全球首创了一个4000万美元规模的社交网络对冲基金，该基金利用Twitter上的用户数据分析市场走向，并指导投资行为。该基金刚成立几天就已经为投资客户设定了 15%～20% 的年回报率。而且该基金在第一个月中确实实现盈利,其收益率相比其他对冲基金平均收益率(0.76%)高出将近 1.1 个百分点。

此种大数据分析的具体思路来源是曼彻斯特大学和印第安纳大学在 2010 年 10 月共同发表的一篇论文:可以通过对 Twitter 用户发表的一些表现用户情绪的词语进行收集、分析,预测道琼斯工业平均指数的走向。Twitter 用户的情绪变化一般在道琼斯工业平均指数波动后的 2～6 天反映出来,而且该情绪信息在指数波动预测精确率方面高达 87.6%。

美国佩斯大学的一位博士生亚瑟·奥康纳通过收集星巴克、耐克及可口可乐这三家企业在社交媒体(Facebook、Twitter、YouTube)上的受欢迎程度,发现这些公司粉丝人数的动态变化能够预测股价在未来 10 天～30 天的走势。

(2)客户关系管理

①客户细分。通过对客户账户的历史信息、价值、交易习惯、风险偏好、投资收益等进行分析,建立完整的包含用户账户资本、市场关注情况、偏好证券类型、投资收益规模等的用户个人档案,并对相似类型的客户进行细分,形成不同的客户群体,然后对这些群体的交易模式进行总结,找出潜在的最具价值客户群,并为他们提供相应的服务,及时调整资源配置,改善战略方向,为企业带来更高价值。

②流失客户预测。证券企业可以用客户的交易记录和流失客户的特点来进行流失客户预测。2012 年海通证券首创的"行为特征分析技术"(全称为"给予数据挖掘算法的证券客户行为特征分析技术")面世。海通证券对上百万份客户半年的交易数据进行分析,构造了客户分类、偏好、流失概率的数学模型。该技术成功地将客户行为数据量化,预测出客户的流失概率,有效地为客户的维护及赢回业务开展提供了技术支撑。

### (3) 投资景气指数

2012年7月10日国泰君安证券"个人投资者投资景气指数"（3I指数）正式发布。该指数采用大量客户账户为样本，对用户的投资交易信息进行深度发掘，产生了能够反映投资者交易行为变化、用户个人情绪波动以及用户未来的投资趋势等的投资景气指数。

3I指数在样本选择方面，选取了资金在100万规模以下，投资年限达五年以上的10多万份样本，而且这些用户遍及国内的各个地区。参数选择上，主要以投资者的持仓率、是否追加投资、盈利情况等来判断用户对市场态度是乐观还是悲观。3I指数每月更新一次，100为临界点，100以下表示趋冷，100以上120以下表示正常，120以上表示趋热。从统计的数据来看，从2007年至今，3I指数与上证指数的吻合度极高。

大数据在金融行业的发展相对于互联网企业较晚，其精细程度与纵深领域都有待提高。金融行业当下还存在着一些大数据应用的阻力，如银行各部门业务之间的数据孤岛效应比较严重、大数据技术人员的匮乏、用户在银行外部的数据收集与整合难度大等。

但是可以预见的是：随着金融行业对大数据的重视，甚至把大数据提升到影响公司运营的战略角度，几年后金融行业的大数据应用将会发生质变。

# 第7章

## 互联网+保险：
## 传统保险模式的颠覆与重构

## 7.1 "互联网+"时代，传统保险模式的变革

### 7.1.1 渠道之变：保险网销

互联网的发展冲击了众多传统行业，其中也包括保险行业。在"互联网+"的大背景下，保险行业如何裂变才能适应互联网浪潮的冲击？（见图7-1）

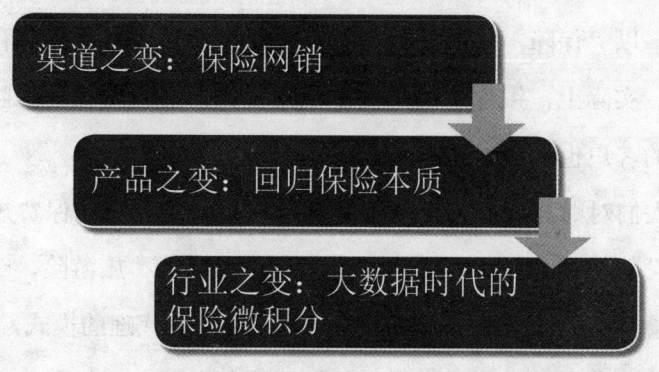

图7-1 "互联网+"时代的保险业变革

淘宝聚划算将每月的8日定为理财日，定期为会员推出专享的理财产品。在2013年6月的理财日，泰康人寿的旺财一号产品以总销量8860万的绝对优势成为6月理财日销售额最高的单品，同时也鼓舞了其他电商试水理财，拉开了保险网销的序幕。2012年泰康的总保费高达754亿元，平均每天进账2.07亿元。

渠道过窄是传统保险行业面临的难题之一。以人寿保险为例，自20

世纪 90 年代在我国兴起，主要采取的是代理人经营模式。代理人专属于特定的公司，只能代理该保险公司的产品，因此，在销售过程中存在为出售产品而夸大产品功能的现象。此外，保险公司片面追求业绩，盲目扩大规模，为节省资金，取消了对代理人的职业培训，再加上代理人的工资一般采取的是"底薪＋提成"方式，底薪很低，代理人要想维持生计，增加收入，只能拼命提高提成，因此在销售过程中，不会考虑客户的实际需求而只售卖高提成的产品。

著名经济学家郎咸平说"中国的保险就是搞传销"，这在一定程度上道出了中国保险的本质，但代理人制度的背后是众多人的利益。虽然保险公司也意识到现有制度的弊端，但要大刀阔斧的改革还需要巨大的勇气。

寿险行业最大的弊端是"银保产品"，指的是银行等金融机构和保险公司合作，以"保障＋收益"为卖点，吸引客户，尤其是打算存定期的中老年客户。实际上，银保产品不同于定期存款，而是变相的保险。而这些金融机构的客户也多是中老年人。

由于人们对财产保险的认识不够深入以及财险公司的保费规模较低，所以财险公司的用户较少，销售渠道较窄。家财险、旅游险、交通工具意外险等保险几乎无人问津。于是保险公司采取兼业代理的模式，与 4S 店、旅行社、航空公司等合作，依靠它们拓展业务渠道。2007 年 7 月，平安车险实行电销模式，并取得成功，鼓舞了车险业。

随着互联网的发展，一种新的保险模式正在悄然兴起，"互联网＋保险"模式被保险行业认可。通过互联网，用户的需求可自动生成保单，节省了人力，同时又避免了虚假营销。保险行业在降低成本的同时，更加注重对现有员工专业素质的培养。在互联网带来诸多益处的基础上，众多保险行业纷纷尝试电商销售。平安、太平洋等推出网上商城，消费者可根据自身需求在网上购买保险产品，同时，保险公司积极与电商展开合作，拓展销售渠道。

虽然网上商城的推出以及与电商企业的合作能够扩大保险公司的业务规模,但是在互联网时代,传统的保险公司应如何转型,才能平衡好线上渠道和线下渠道的关系?

"互联网+"模式对保险行业来说,既是机遇又是挑战。在为保险提供便利、节省人力的同时,也增加了信息的透明度,保险业的竞争也将更加激烈。

### 7.1.2 产品之变:回归保险本质

2010年,淘宝与运费险、航班延误险、航空意外险等险种进行合作。2013年,淘宝与12家保险公司建立合作伙伴关系,淘宝平台完成的交易笔数高达10亿。其中,与平安合作的保单占总成交量的2/3,已远远超出平安个险的市场占有率。随着各大保险公司纷纷推出网上商城业务,消费者购买保险的心态也不同于以往,基于此,保险公司也应做出战略调整。

传统保险业体制上的弊端主要在于代理人业务素质不高、监管体系有漏洞、保险产品设计模糊等。

面对不同保险公司的代理人推销的产品,消费者通常要比较一番,选出最合适的产品。而保险公司通常会注重与其他保险的差异,在细枝末节上下功夫,给消费者造成该公司的保险产品比其他公司的产品功能多、价格实惠的假象。利用消费者不了解保险的劣势,使产品复杂化,以达到隐藏自身产品劣势的目的,吸引消费者购买。

保险公司为了刺激代理人的积极性,以"低底薪+高提成"的方式发放工资,这就决定了代理人在实际销售中,会以保费高的险种为主要销售产品。

最终，保险行业陷入恶性循环。代理人欺骗消费者，导致消费者不再信任保险行业，面对业绩下滑，保险公司为减少损失，裁员降薪。

从消费者心理来看，通常消费者只有在了解产品的信息之后，才会下单购买。而互联网的出现，则满足了消费者的需求，众多的保险公司也抓住这一机遇，纷纷上线网上商城，以保障功能强的产品为主打。

大公司凭借其品牌和价格优势，会吸引一大批消费者；而小公司则只能依靠技术创新，研发新产品，才能与大公司竞争。

随着经济发展，社会上的不安定因素也开始增长，消费者更加需要保险产品。食品安全、公共场所安全、中产阶层财富安全等都成为消费者关注的问题，从而更加需要保险行业肩负起应有的责任。

保险行业能否延伸到地沟油、大学生就业难、大学生创业、房价、甲醛、甲状腺结节等保险，还要根据保险行业的发展轨迹来决定。

随着互联网的发展，各行各业纷纷跨界经营，阿里巴巴跨界做信贷，腾讯做证券，平安也跻身二手车交易市场。阿里巴巴和腾讯凭着多年的经营管理经验，掌握了大量用户的信息，由此，淘宝聚划算计划发起 C2B 保险创新，QQ 群、微信群准备定制团体保险。在这样一个大背景下，保险行业必须抓住机遇，积极变革，调整产业经营模式，以适应市场的新格局。

### 7.1.3 行业之变：大数据时代的保险微积分

保险行业的发展依赖于数据统计体系的完善和发展，而在互联网时代，面对数据大爆炸，保险行业已无法适应新的市场格局。

C2B 模式的出现颠覆了传统的企业管理理念。互联网的发展拓宽了消费者反馈需求的渠道，而企业也可以通过互联网更便捷地了解用户的需求，减少时间和人力成本，为客户提供个性化、精准化的服务。

同样，保险行业采取 C2B 模式也能够降低成本。用户在网上提出一个

保险理念，得到其他消费者的赞同，保险企业看到商机，纷纷出单争夺客户资源，避免了代理人制度的劣势。虽然C2B模式逆向选择存在一定的难度，但一旦实施，企业将获得源源不断的创意和市场需求。

对于客户的需求，传统的保险公司很难了解到，只能凭借多年的经营管理经验进行决策，以降低保险公司的损失。

但是管理经验也未必都是可靠的，只有理解风险，将风险降到最小化，才是保险的本质，甚至在条件允许的情况下，控制风险的发生。

在互联网时代，消费者能做的就是多方面了解保险产品的信息，尽力做到精准投资。

假设这样一个场景：早上出门之前，你的手机发出预报"根据腕戴装置显示，你昨晚三点钟入睡，睡眠时间严重不足。今日小雨，路滑。今日你驾车的危险指数是84。今日驾车车险价格为￥270。建议叫出租车上班。"

这样一个场景，在科技发展到一定程度时就可以实现，但对于保险，目前还没有这样的可能。

互联网时代，大数据的作用主要体现在三个方面：首先，可以让保险公司更深刻地理解保险标的；其次，将保险标的颗粒化细分，单独定价、单独投保，降低风险；最后，保险公司可以根据大数据及时调整战略，抢占先机。

保险是基于数据统计体系发展起来的行业，依靠专业的管理人才拓展业务规模，而互联网则凭借为用户提供平台支持以及超强的云计算，迅速聚拢用户。保险与互联网相联合，将爆发巨大的能量，颠覆传统的保险行业。

## 7.2 互联网如何改造传统保险业？

### 7.2.1 商业形态的转变衍生新的保险需求

互联网技术对社会生活的全面渗透，催生了互联网保险的发展。不论是保险营销渠道还是产品设计，在"互联网+"时代下都有了互联网化的条件和基础。

近几年，互联网金融快速发展，并给大众带来诸多益处，这让互联网金融深入人心。同时，作为网络流量主体的80后90后群体，正在占有着越来越多的社会财富。他们对新兴的互联网事物有着浓厚的兴趣和很高的接受度。这为互联网保险的发展提供了广阔的市场空间。

社会发展过程中不可控风险因素的增多，让越来越多的人意识到了保险的重要性，保险产品由"被动销售"转向了"主动需求"。

以往个人代理的保险业务模式有很大的问题和局限性，也无法满足"互联网+"时代简单、快捷、高效的消费体验。因此，保险的互联网化转型升级成为必然。

政府更加注重经济新常态下互联网对传统产业的重构，从政策法规等层面引导传统产业的互联网化转型。这也为互联网保险的发展提供了有利的政策环境。

下面，我们将从需求、渠道和产品三个方面，分析互联网是如何助力与改造保险业的。

互联网对社会生活的全面渗透彻底重构了传统实体经济。这些实体经济的互联网化转型又必然衍生出新的金融服务需求。比如，由互联网产生的互联网虚拟财产，拓展出了新的保险需求：虚拟财产险。即对互联网中的虚拟财产进行损失补偿和风险责任承担的财产保险。

具体来讲，损失险以网络游戏中的装备、游戏币、游戏账号等为保险标的，保险公司负责对这些虚拟物品的损失进行赔偿。责任险是由于一些不可控的风险，如网络系统意外等造成的损失，由保险公司进行赔偿。

2013年9月29日，中国保监会发布了批文，允许由阿里、腾讯、中国平安联合投资的"众安在线"筹建。作为第一家互联网保险公司，这标志着我国互联网保险的发展开始破冰。

阿里拥有广大的企业用户，腾讯拥有广泛的个人用户和媒体资源，中国平安则拥有保险、证券和银行三大牌照。依托于阿里、腾讯两大互联网巨头，再加上平安集团作为国内保险业的大佬地位，"众安在线"突破了国内现有的保险营销模式，除了注册地上海之外，全国均不设分支机构，而是完全通过互联网进行销售和理赔服务。业务范围包含了与互联网交易直接相关的企业和家庭财产保险、货运保险、责任保险、信用保证保险等内容。

"众安在线"保险模式的最大特色是充分利用互联网思维，并结合自身的"大数据"优势，有针对性地创新出互联网经济需要的保险产品和服务，实现了保险设计—保险销售—保险理赔一体化、互联化的互联网保险服务（见图7-2）。

众安保险的创新不仅体现在全程线上化的销售渠道，而且也体现在产品的研发方面。比如，众安保险2013年年末联合淘宝网推出的"众乐宝"保证金计划，就是为建立一个良好诚信的网购环境而推出的首个网络保证金保险服务。

| 提供的产品 | 服务对象 |
|---|---|
| ☐ 退货运费险 | ☐ 互联网平台（淘宝网、聚划算） |
| ☐ 众乐宝 | ☐ 电子商务商家 |
| ☐ 参聚险 | ☐ 网络购物消费者 |
| ☐ 手机意外险 | ☐ 社交网络参与者 |
| ☐ 高温险 | ☐ 互联网服务提供商 |

图 7-2 众安保险服务对象及提供的产品

### 7.2.2 保险渠道的网络化、场景化

**（1）网络化**

保险网络化是指保险公司突破传统的代理人业务模式，充分利用互联网技术和平台达到与客户即时、直接的互动沟通，在及时把握保险消费市场需求变化的同时，实现业务模式从线下到线上的全面转型。这一数字化转型涉及保险服务的各个环节：从产品设计到信息咨询，再到最后的投保、核保、缴费、承保、保单信息查询、理赔和给付等过程。

不过，由于技术、环境、制度等多种因素的作用，保险的互联网转型是一个循序渐进的过程，要与社会整体特别是互联网金融的发展相适应，不可能一蹴而就。就当前来看，保险的互联网化转型主要体现在渠道网络化方面，即突破传统的个人代理营销模式，运用互联网线上平台进行保险产品的推广销售。

从世界互联网保险的发展情况来看，我国保险销售的线上化转型还很滞后。比如，在人身险种的线上购买方面，2012年美国就达到8%～11%，

是我国的4倍到7倍。在财产险方面差距更为明显。以汽车保险销售为例，我国网络销售的比例仅为1%，远远低于美国的30%～50%和英国的45%。甚至邻国日本和韩国也是我国的几十倍，分别达到了41%和20%。可以看出，我国保险的互联网化有着巨大的发展空间，还有很长的路要走。

从产品特点上看，网络渠道销售的保险产品满足了消费者简单、实惠、便捷的消费追求。

线上消费时，客户一般不会花费大量时间关注某一个产品。因此，保险条款越简单明了，越能够赢得客户的青睐。即互联网化的销售模式要求能够以最少的信息解决消费者的大多数甚至全部疑问。

价格永远是消费者关注的敏感因素之一。显然，保费越低廉，达成交易的概率就越高。这也解释了为何短期的理财险比长期的寿险更容易达成交易。

在客户决定购买以后，总是希望能够以最简洁、便利的方式完成产品费用的支付等后续流程。而互联网第三方支付平台的发展普及，使交易的达成更加便捷，成为推动保险网络化的一大助力。

从产品结构上看，当前我国通过网络渠道销售的保险产品主要集中在车险、理财险和意外险方面。特别是汽车保险，占据了网络渠道保险产品销售50%的市场份额。虽然1%的网络渗透比例与其他国家相比差距很大，但就国内其他保险产品来说，汽车险的网络化程度还是比较高的。当然，这一情况主要得益于汽车保险抓住了客户的消费痛点，以较低的保费吸引消费者，顺利实现了网络化销售。

从当前国内的发展情况来看，网络化的销售渠道主要呈现出四种模式（见图7-3）。

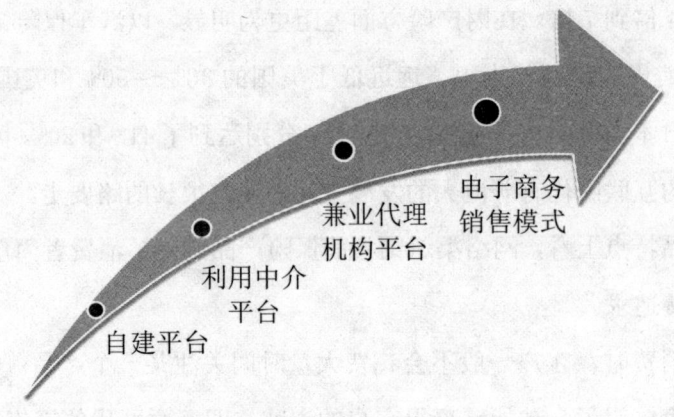

图 7-3 网络化销售渠道的四种模式

①自建平台。即一些有实力的保险公司建立了自己的互联网营销平台，如中国人寿、平安保险等都建立了自己的互联网官方网站。

②利用中介平台。互联网保险是保险业发展的大趋势，由此出现了很多专业的保险销售网站，为那些暂时没能力或不愿投入资源建立自己平台的保险公司提供网络销售平台。比如慧择网、大童网、和讯网旗下的放心保、新一站保险网等。

③兼业代理机构平台。与中介平台有些类似，即都是保险公司利用其他机构的网络渠道进行线上销售。不同之处在于兼业代理模式获得了保险公司的授权，可以代办保险业务。

④电子商务销售模式。包括两种形式：一种是保险公司与互联网巨头合作，利用其海量的客户流进行保险产品的推广销售，如上面提到的"众安在线"模式；另一种形式是互联网巨头跨界涉足保险行业，如淘宝、京东、苏宁、腾讯等都开辟了互联网保险销售模块。

（2）场景化

互联网保险的另一个重要趋势是保险的场景化（见图7-4），包括两个方面的内容：营销方式上出现的新场景；由不断多样化的网购行为衍生出的互联网保险新产品。

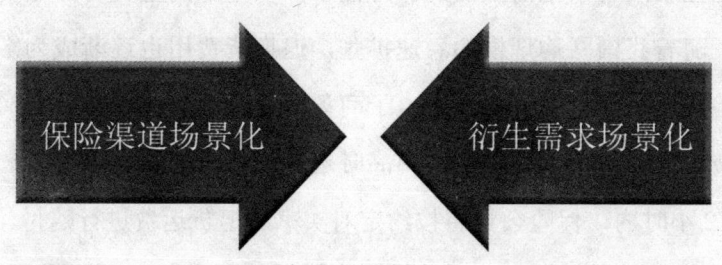

图7-4 保险渠道场景化的两个方面

前一种是保险营销场景化。即以往的保险产品，由于其专业性和复杂性以及代理人的销售模式，很多消费者并不完全明白产品的具体情况，也不能准确定位自身的保险需求，造成客户与产品的分离，大大降低了消费者的消费体验。

互联网的去中介化特征，将保险营销置于新的场景之中，使消费者在主体消费的同时，能够准确定位自己需要的保险产品。这种网络消费新场景极大地激发了客户的潜在消费需求，实现了消费者与衍生交易的零距离接触。如此，在消费者达成主体交易的同时，依托于其中的衍生保险产品也实现了自我营销。

传统的旅游交易场景中，客户对意外险的需求是非刚性的。因此，除非客户主动要求，保险产品一般都是难以与客户直接接触的，不容易进行推广销售。而在互联网的新场景中，如携程网，在为客户提供机票、酒店预订等一系列服务的同时，也会通过各种方式激发顾客的意外险需求。比如进行意外险产品的推销；提供多元化的保险产品供客户选择比较；及时与客户沟通了解其保险需求，进行更加透明化的产品销售。

第二种为衍生需求场景化。互联网技术和平台的发展，重构了人们在互动、社交以及市场交易等方面的场景，并由此催生了满足这些互联网化场景需要的新保险产品。

这种互联网场景化衍生出的保险需求，以基于淘宝交易的运费险最具代表性。随着我国网购规模的急速扩张，退换货费用也逐渐成为影响客户消费体验的重要因素之一。基于电子商务的这种衍生需求，淘宝网提供了一个运费险选项，买家可在购买商品时选择投保，当发生退货时，在交易结束后72小时内，保险公司将按约定对买家的退货运费进行赔付。

如果客户需要退货，则可以得到刚好抵消邮费的10元赔付。而且，这种退换运费险十分低廉，一般在0.5～1.0元之间，这也大大增加了保险产品交易成功的可能性。据统计，2013年的11月11日，运费险的销量达到1.2亿份，创造了保险行业同一险种单日销售量的世界记录。

### 7.2.3 保险产品的简单化、数据化

**（1）简单化**

作为金融产品的保险产品，具有极大的复杂性和专业性。特别是在传统的保险销售模式中，保险合同是"制式合同"，客户没有参与条款内容定制的权力，只能选择接受或者拒绝。这使得消费者在保险产品和服务相关信息的获取和解读上处于天然劣势，只能依靠业务人员的讲解，也很容易在实际操作上产生各种各样的问题，最终影响客户的产品体验。

随着"互联网+"时代的到来，人们越来越追求简单、快捷、便利的消费方式。因此，保险产品的简单化设计成为互联网保险产品的趋势。网络营销模式省去了大量中间环节，在为保险公司降低大量支出成本的同时，又能够与客户进行直接即时的交流沟通。这些，都为保险产品的碎片化、多元化和个性化设计提供了条件。

相对于长期复杂的人身险,财产保险、理财保险具有简单、标准化的特点,也更适宜网络渠道的销售。比如,在网络意外险方面,甚至能够细化到一人、一天、一次旅行的保险产品标准化设计与定价。

当然,目前网络销售最火的还是上文提到的汽车保险产品。由于条款简单、易于标准化设计,再加上保费较为低廉,汽车险占据了线上保险销售市场份额的一半以上,且依然呈现出强劲的发展势头。

(2)数据化

"互联网+"时代是一个"数据为王"的时代,对大数据技术的应用往往决定了一个企业在市场竞争中的成败。具体到保险行业,互联网大数据对保险业务的最大价值,在于能够极大地提高保险公司对风险的分析、预测和控制能力,形成最优化的产品设计和定价,大幅降低企业的风险成本。

下面以汽车保险和人身保险为例,来具体说明互联网大数据是如何助力和改造保险业务的。

①汽车保险:OBD 和 UBI 产品撬动互联网车险。

一般来说,车险的定价方式主要包括保额定价、车型定价和使用定价三种。目前我国仍处于保额定价阶段,即车险费率不作区别,施行统一标准;欧美则普遍采用车型定价模式,这对车辆风险评估的能力显然更高。

随着车联网的发展完善,利用大数据信息,对车辆的运行状况进行全方位的动态监控将变为现实。这大大降低了保险市场上的道德风险,也让"使用定价"成为可能。

车联网的发展完善是车险实现"使用定价"的前提。车联网(IOV: Internet of Vehicle)是指通过车与车、车与路、车与人、车与传感设备等的交互实现信息共享。即通过多种方式收集车辆、道路和环境的信息,并对这些信息进行加工、计算、共享和安全发布,以便根据不同的功能需求对车辆进行有效的引导与监管,并提供专业的多媒体与移动互联网应用服务。

其中,UBI(User Based Insurance,基于用户的保险)和 OBD(On-Board Diagnostic,车载诊断系统)是车联网的两大重要支柱。

UBI 包括三种定价方式:基于汽车里程;基于 GPS 记录的里程数或车辆的驾驶时间;基于车辆的速度、行车时间、驾驶行为、行驶距离、时长等相关数据信息。OBD 则主要对汽车搭载的硬件、软件等车辆本身的行驶条件进行监控和记录。通过 UBI 和 OBD,保险公司能够对投保车辆的实时动态进行精准把控,从而为差异化的"使用定价"方式提供相关数据基础。

②人身保险:穿戴设备及互联电子病历助力互联网人身险。

人身保险是以人的身体和寿命为保险标的,保险人按照合同约定,向被保险人或者受益人给付保险金,以解决其因病、残、老、死造成的经济困难。在人身保险中,对保险标的信息的获取有着严重的不透明性,很容易因被保险人的不诚信行为导致保险公司成本提高。

互联网技术和智能穿戴设备的发展,为利用大数据技术解决这一问题提供了基础。随身穿戴的智能设备可以实时全方位地收集客户的人身状况,并上传至数据池中。保险公司对这些收集到的大数据信息进行分析处理,便可以根据客户的身体状况进行精确的保险产品定价。

同时,不同医院电子病历的共享整合以及互联网化,可以使保险公司获取到客户身体状况的全面信息,有效避免了客户隐瞒、欺骗等行为造成的道德风险,降低了保险公司的风险评估和控制成本,提高了业务运作效率。

## 7.3 "互联网+保险"生态圈

### 7.3.1 保险互联网化：探索"互联网+保险"新模式

中国的保险行业经历 60 多年的曲折发展一直保持着良好的势头，银保作为银行业与保险业的重要合作模式已经成为保险公司保费收入的主要来源。然而在 2008 年金融危机所引发的保险行业大危机之后，五大上市险企 2012 年的银保业务也惨遭"滑铁卢"。

数据显示，平安人寿 2012 年银保业务的保费收入是 136.09 亿元，同比下降 12.39%；人保银保渠道实现的保费规模虽达到 461.03 亿元，但同比下降 23.2%；除此之外，太保、新华保险以及中国人寿的银保保费收入分别同比下降 22.3%、8% 和 10.73%。

面对保险业的颓势，国华人寿意识到可以借助互联网加以改善，于是在 2012 年底将公司的"短期投资理财"型保险产品投放到淘宝的聚划算平台上，销售额三天破亿的成果让传统保险业看到了互联网渠道的独特魅力，自此互联网成为保险行业的又一重要阵地。

"互联网+保险"的模式打破了传统保险业单一的销售渠道，实现了保险互联网化。这种以互联网为媒介的保险营销模式在拓展了营销渠道的同时，也使客户感受到更加便捷、贴心的服务。国华人寿与阿里展开战略合作开启了业内互联网营销的潮流，之后越来越多的保险公司加入到这一行列。

互联网和移动互联网的发展颠覆了传统的保险经营观念，互联网技术也帮助保险业克服了区域、规模等问题，使消费者在降低成本的同时获得了自主选择的权利，总的来说互联网为传统保险业提供了新的发展机遇。

互联网和智能手机的普及使得网络对人们日常生活的影响越来越大，国内保险行业也瞄准机会，大刀阔斧地展开了互联网圈地运动。淘宝网和京东商城这两个电商巨头在2012年集中力量开设保险频道，中国平安、泰康人寿、人保财险、天平车险等险企纷纷入驻。国华人寿三天破亿的销售成果更是刷新了中国电子商务的单团记录，凸显了保险业在整个互联网金融中的重要地位，实现了互联网保险的跨越式发展。

中国电子商务研究中心的监测数据显示：近三年，保险业电子商务平均每年以超过100%的增长率实现行业发展；经营互联网保险业务的公司在2011—2013这三年间从28家增加到76家，行业占比达到56.3%；人身险的互联网业务的保费收入在2014年达到353.2亿元，同比增长5.5倍（2013年为54.46亿元）。

传统保险业进军互联网，诸如中国人保、平安保险、中国人寿、泰康人寿、国华人寿、阳光财险、大地财险等传统的保险公司纷纷搭配互联网渠道试水保险网销；除此之外的经代公司、网络技术公司也不甘示弱加入"互联网保险大战"，比如淘宝、京东、苏宁网购等网销平台都开设了专门的保险频道，形成了稳定的网销模式。传统保险业与互联网的深度联系，对行业销售渠道的拓展起到了重要作用。

互联网保险业务在各国都呈现出高速发展的态势：美国的互联网保险网销收入占总保费的30%；英国通过互联网销售的非寿险已接近两成，且移动互联网所销售的车险也受到众多消费者的青睐；在互联网保险起步较晚的中国，保险网销在过去十年的年均复合增速达到68%，保险行业步入了发展的新阶段。

就保险产品来看,财险以其趋于标准化的产品实现了快速发展,而网销车险也因低廉的价格赢得诸多客户的认可。车险是中国互联网保险销售的主要产品,相信互联网网销将会因其价格实惠、方便快捷成为未来车险销售的主流渠道。

表7-1:国内互联网保险大事记

| | |
|---|---|
| 1997年11月 | 国内第一个面向保险市场和保险公司内部信息化管理需求的保险业中文专业网站——中国保险信息网诞生,2000年7月1日更名为中国保险网。 |
| 2000年8月 | 中国太平洋保险公司宣布其全国性电子商务网站全线开通。它是我国保险界第一个贯通全国、联接全球的保险网络系统。 |
| 2000年8月 | 泰康人寿保险公司独家投资建设的大型保险电子商务网站泰康在线试运营,是我国第一家由寿险公司投资建设的、真正实现在线投保的网站,也是国内首家通过保险类CA认证的网站。同年9月,诞生了泰康在线的第一位客户、第一张电子保单,同时这也是中国的第一张电子保单。 |
| 2010年7月 | 淘宝网和华泰保险联合针对淘宝卖家推出退货运费险,4个月后,华泰保险又将此险种向淘宝买家开放。 |
| 2010年12月 | 焦点科技股份有限公司出资10000万元设立全资子公司,新一站保险代理有限公司正式通过中国保险监督管理委员会批复。 |
| 2011年10月 | 淘宝网保险频道正式上线,实现保险产品的在线保费计算、购买、支付、完成投保等功能,并拥有会员体系、积分兑换体系、网站联盟等多种服务系统。 |
| 2013年1月 | 京东保险正式上线,有8家保险公司入驻京东,其中太平洋、平安、中国人寿与京东签署战略合作协议。 |

续表

| 时间 | 事件 |
|---|---|
| 2013年4月 | 人保财险浙江分公司与国内最大的网络游戏交易平台5173网络游戏服务网（简称"5173"）签署独家合作协议，共同推广网络游戏虚拟财产损失保险，并于5月8日签发国内首张网络虚拟财产保险保单。 |
| 2013年6月 | 平安与腾讯签署合作协议，为腾讯旗下网游《御龙在天》推出装备保险业务。 |
| 2013年8月 | 中国人寿保险电子商务有限公司挂牌成立，注册资金为10亿元。是国务院《关于促进信息消费扩大内需的若干意见》印发后，保险业第一家正式挂牌成立的电子商务公司。 |
| 2013年10月 | 苏宁云商拿到国内电商行业的首张全国性保险代理牌照。国寿财险与5173网进行战略合作推出的网络虚拟财产保险正式上线。 |
| 2013年11月 | 我国第一家网络保险公司——众安在线财产保险股份有限公司开业，开辟了保险行业的新纪元。 |
| 2013年11月 | 由长安责任保险公司牵手众筹网共同推出"爱情保险"，自11月11日0时正式发售，累计筹资额超过600万元，创众筹网最高筹资纪录。 |
| 2014年2月 | 苏宁保险销售有限公司获批成立，成为中国商业零售领域首先获得全国专业保险代理资质的公司。 |
| 2014年4月 | 保监会公布《关于规范人身保险公司经营互联网保险有关问题的通知（征求意见稿）》，并向社会公开征求意见。 |
| 2014年8月 | 国华人寿、珠江人寿、弘康人寿因涉嫌销售误导被监管层叫停一切电商业务，从淘宝官网下线。 |

险企借助互联网实现了销售渠道的拓展和优化，主要模式分为三种：一是代销，即将保险产品投放在电商平台、综合型网站或其他网站进行网销；二是自建官方网上商城或成立电商子公司；三是网络兼业代理，即在从事自身业务的同时以承保的方式出售险种。随着在互联网保险领域的不断深入探索，保险公司大都采用多种模式相融合的渠道拓展方式。

**（1）保险公司官网模式**

所谓的保险公司官网模式就是通过建立官方网上商城或者开发官方APP销售自己的保险产品。平安保险、泰康人寿、阳光财险、人保、太保等传统险企都设立了官网并迅速上线本公司开发的保险产品。

优点：保险公司可以依托官网进行网络营销、线上推荐，能更好地实现客户的自主选择；官网平台或APP应用可以为消费者验证、咨询提供强有力的支撑。

**（2）第三方电子商务平台**

保险公司与电商平台、门户网站、互联网公司等第三方平台积极展开深度合作，实现了多渠道获取客户。一般的合作模式就是将公司产品投放到平台上，并为此支付技术服务费用。

优点：由于第三方电子商务平台是以客户为中心的开放式中立商务平台，保险公司可以利用其丰富的用户数量获取客户资源；借助第三方平台与消费者进行直接交流省去了诸多的中间费用，诸如人保、泰康、平安等多家保险公司就将车险、旅游险、意外险、健康险等产品投放到淘宝网上，消费者享受到了更实惠的价格与服务。

**（3）专业中介代理模式**

专业中介代理模式主要分为垂直搜索平台和在线金融超市两类。前者是利用云计算、大数据等技术为客户提供精准信息，为客户提供产品搜索、比较、导购等服务，颇具代表性的则是大家保、富脑袋等保险平台；后者则是扮演网络保险经纪人的角色,为保险消费者提供简易保险产品的在线选购服务,并从专业立场出发对综合性保障方案进行评估、设计,大童网、慧择网是其典型代表。

优点:专业的中介代理实现了各类保险产品信息的汇总,并为客户提供比价搜索平台;提供了诸如风险评估、财务规划、全程代办等增值服务,有助于吸引更多保险消费者。

缺点:产品种类单一,线上保险中介销售的产品大都以一年期短期意外险为主,呈现出严重的同质性;线上保险中介大多进行简单的产品销售,而对市场、消费者的了解不够充分;由于中介代理公司担心线上销售收入扣除成本之后不足以维系公司运转,所以资金投入力度不大,导致销售规模受限;由于在公司内部,无论是整体的组织形式和结构,还是基本的业务运营,其路径都延续了下的传统方式,尽管其披着互联网公司的外衣,但在本质上仍需要创新运营方式。

### 7.3.2 "互联网+保险"面临的三个问题

虽然互联网保险发展迅速,国内众多险企也都开展了互联网业务,但是更多的是一种跟风而非打造出某种创新模式。有数据显示,中国网络保险的年均增速超过200%,规模高达300多亿元,然而就整个保险销售渠道而言,网上保险直销所占的比例不足5%。与欧美等发达国家相比,我国的保险网销尚处于起步阶段,还有很大的发展空间。

中国电子商务研究中心提供的数据显示,互联网保费收入由2012年的39.6亿元上升到2013年的291.2亿元,所占全部保费的比例也由0.26%升至1.69%,增速高达635.4%。互联网保险所拥有的巨大发展空间可见一斑。互联网保险业务目前存在三方面的问题(见图7-5)。

产品创新能力不足

传统风险在互联网环境下被放大

信息安全风险不容忽视

图7-5 互联网保险业务存在的三个问题

**(1) 产品创新能力不足**

首先表现为互联网保险产品的同质化,由于复杂型保险网销受到多方面限制,网销的险种多为车险、短期意外险等标准化产品,缺乏创新产品;其次是未能对互联网经济活动场景所衍生的保险需求进行深入挖掘和研究以创新产品;再者则是没能深入分析客户的个性化需求,产品呈现出碎片化特征,甚至有些产品穿着保险的外衣却偏离保险的实质。

**(2) 传统风险在互联网环境下被放大**

互联网保险与传统保险行业相比呈现出传播速度快、影响范围广、社会影响大的特点,而且官方平台比个人营销更具权威性,更容易得到客户的认可,但若是营销不当或没能及时规范就会由于互联网放大效应而出现更大的风险。同时在互联网环境下,由于保险人核实投保人告知内容的真实性较为困难,更容易加剧道德风险。

**(3) 信息安全风险不容忽视**

互联网保险对网络信息系统的高度依赖决定了其必然面临诸如信息安全、计算机病毒、软件运营等风险,这就需要保险公司从软件升级、硬件防护、信息管理等诸多方面入手来保障网络保险信息系统安全运行。中国保监会主席项俊波在2015年全国保险监管工作会议上指出，在发挥网络信息技术积极作用的同时要做好风险隐患防范工作，以适应风险复杂程度增加所带来的诸多负面影响。

### 7.3.3 "互联网+保险"模式的发展趋势（见图7-6）

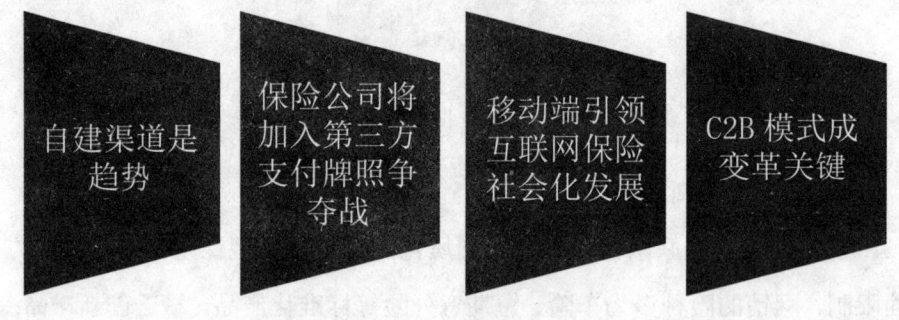

图7-6 "互联网+保险"的发展趋势

**（1）自建渠道是趋势**

传统险企涉水互联网一般是借助第三方平台，以帮助企业在初期迅速拓展市场，但是要想真正培养自主营销能力、销售复杂型保险产品，还是需要险企成立官网或自建电商平台。当然自建渠道十分考验险企的能力与资金实力。

**（2）保险公司将加入第三方支付牌照争夺战**

在跻身电商平台之后，保险公司意识到支付宝、财付通等第三方支付市场也是抢占市场份额的基础保证，于是大型险企纷纷申请第三方支付牌照，借此直接买卖自己或其他公司的保险产品以更好地拓展电商渠道。拿到第三方支付牌照的险企在进行网销时无需借助第三方进行支付，这将为险企挖掘出巨大的市场潜力。当然随着央行对第三方支付牌照政策的收紧，这场牌照争夺战将愈发激烈。

### （3）移动端引领互联网保险社会化发展

随着移动互联网的快速发展，互联网保险的销售场景也由 PC 端逐渐转向移动端，微信以其高效率、低成本的优势成为险企追求电子商务创新的重要平台。

比如中国人寿就将官方微信纳入电子商务业务范畴，消费者可以直接通过微信购买一定范围的保险产品，既节约时间，又节约成本。移动端可以更大程度地聚合资源、汇集消费者，所以必然会成为互联网保险发展的重要阵地。预计到 2017 年，移动用户规模将超越传统的互联网用户规模，达到 7.5 亿人，而其产生的海量数据将会为保险行业提供更加丰富的数据基础。移动端必将成为险企重点开发和关注的市场。

### （4）"C2B"模式成变革关键

所谓的 C2B 模式就是以消费者的个性化需求为出发点，为其提供自定义保险的机会。互联网汇集了客户需求，而保险公司则可以利用大数据技术对客户需求进行分析、评估并提供个性化的产品。但是 C2B 模式以传统渠道为基础的生态环境的形成还需要三至五年的整合过程，所以在此之前将线上线下的需求进行整合，做好 O2O 才是更为重要的工作。

保险行业做 O2O 主要是针对以长期人身保险计划为代表的复杂型保险产品。保险公司在网上设置保险需求测试，消费者进行线上测试并生成保险计划，线下消费者可以通过电话或上门服务修改保险计划，最后根据比价结果进行线上支付。

与 O2O 相对的是"反向 O2O"，即从线下到线上，险企在线下场景中设置相关的保险产品宣传，消费者可以通过手机等移动端扫码进入线上产品介绍，根据相关介绍和比价决定是否购买。如航空意外险、出租防盗险等就是反向 O2O 的代表险种。

而在保险界引起轰动的案例则是美亚保险携手生意宝打造了"B2B"

网络保险生态圈。

2015年2月12日,中小板电子商务上市公司网盛生意宝宣布与美亚财产保险有限公司签订战略合作协议。中国本土电商企业与中国最大的外资财产保险公司进行的此次合作将有助于双方在互联网保险领域深度沟通以求能够探索出保险互联网化的全新模式。有专家表示,互联网保险将会乘着电商、保险的"混搭风"成为热门话题。

美亚保险是美国国际集团（AIG）在中国经营财产责任险保险的全资子公司,与生意宝的战略合作是其拓展互联网保险事业所迈出的重要一步。此次合作使美亚在线下销售、经纪公司代理这两个重要销售渠道之外可以借助拥有海量用户的生意宝平台拓展多样化的网络保险销售渠道。

据悉,生意宝与美亚保险的合作将以信用保险、产品责任保险等险种为切入点,并在一段时间内拓展到物流险、供应链金融保险等诸多领域,共同打造"B2B"网络保险生态圈。传统保险行业与互联网企业竞相涉足互联网保险领域使整个行业呈现出广阔的发展前景,2014年互联网保险市场的保费收入同比增长195%,但市场渗透率只有4.24%,远低于发达国家的水平。

互联网保险不仅仅是互联网与保险的简单相加,更是一种有别于传统保险营销模式的全新销售渠道。与依靠人海战术的传统保险运营模式相比,互联网保险呈现出精准定位、完美服务、高效迅捷等与生俱来的优势。国内互联网保险的B2B市场因融合了行业优势会远大于B2C和C2C市场。互联网保险作为互联网金融的一支,其演进也会实行"渠道创新——产品创新——模式创新"的三步走战略。

中国当前信用体系的不完善与国内B2B电商的成熟为互联网保险带来了巨大的发展空间,而美亚保险与生意宝的携手合作则会为保险销售打造一片新天地。整合双方的客户资源、对业务形态进行细致的调整以及专注

产品创新将成为双方努力的重点方向,以此打造互联网保险生态圈,进而使保险业以全新的姿态更好地服务消费者。

互联网保险的发展模式有第三方电子商务平台模式、网络兼业代理模式、专业中介代理、官方网站模式以及专业互联网保险公司模式等,其中为用户广泛接受的则是第三方电子商务平台模式和专业互联网保险公司模式。第三方平台为险企提供了海量数据和用户储备,并降低了销售成本;专业互联网保险公司模式则始终坚持创新,相信这两种模式将会成为支撑互联网保险发展的中坚力量。

降低经营成本、积累客户资源以及提高运营效率是当前诸多险企在互联网保险方面的努力目标,但若要实现互联网保险的长久发展,还需要将产品服务以及运营模式的创新、销售规模的扩大等作为主要发展方向。

互联网保险作为新生事物所拥有的广阔发展空间不容忽视,但是它也面临着诸多全新的风险和挑战,所以保险行业要在创新理念、拓展销售渠道的同时加强监管、规范市场,以便在网络保险生态圈中健康发展。

## 7.4 保险企业实现互联网转型的四个关键

### 7.4.1 动力：技术进步与消费行为改变

互联网技术的高速发展和普及，冲击和重构了社会生活的各个方面，极大地改变了人们的消费需求、消费心理和消费行为。对于保险公司来说，只有及时把握住这种市场需求和变化，并学会积极地利用互联网技术和平台实现服务方式的转型升级，才有可能在日益激烈的市场竞争中占据一席之地。

"互联网+"时代，移动智能终端设备逐渐成为主要的互联网入口。《中国移动互联网发展报告（2014）》蓝皮书显示，截至2014年1月，我国移动互联网用户总数达8.38亿。基于移动互联网的消费行为和模式越来越成为大多数人的选择。这种消费行为的转变，为保险公司的发展带来了新的挑战。

一般而言，保险业务与客户的互动频次不高，保险公司不容易及时把握到客户消费心理和消费行为的动态变化。再加上移动互联网的"脱媒"影响，很容易使其沦为单纯的产品供应商，丢失原本可以获取的金融产品服务利润。这就要求保险公司有效利用移动互联网的各种新型沟通渠道，与客户建立起持续稳定的互动交流关系，不断优化客户的消费和服务体验，以此维护好自己的金融产品客户群，甚至开拓出新的盈利空间。

网络社交平台汇聚起了海量的用户，这些来自不同社交圈子的用户群

又有着各种各样的消费需求。因此，社交平台成为了"互联网+"时代市场竞争的主要领域，并产生了基于社交平台的新型业务运营方式。

在保险业务方面，有研究显示，大约有26%的客户会在社交平台上推荐保险公司，而根据朋友或家人的推荐信息购买保险产品的人数达到了21%。随着社交网络对人们日常生活渗透的深入，这一数据必然还会大幅提高。

对于用户来说，通过社交平台可以对保险产品进行筛选、对比，以选择最符合自己需要的产品和服务。用户消费行为的社交化转向，也给保险公司带来了新的机遇和挑战。如果保险公司能够有效利用社交平台的口碑效应，制定良好的社交策略，提供优质的产品体验，那么必然能够吸引到大量潜在的客户，实现公司效益的增长。

对保险业务来说，云计算的研发和推广，使企业不用再自己投入大量资金和人力，进行与业务有关的IT方面的计算和服务，而只需把诸如HR系统、财务系统等有偿地转移到云服务平台中。这一方面，大大降低了人力和计算成本，使企业可以将更多的资源用到业务创新和投资上。另一方面，云技术的应用，使中小型保险公司与大型保险企业在IT技术和服务方面有了同等的能力，谁都无法在这方面占据优势。因此，这会促使保险公司寻找新的优势点，并将更多的精力和资源放在保险产品和服务的创新上，从而极大地提高保险业的服务水准，优化客户的产品体验。

被称为继计算机、互联网之后世界信息产业发展第三次浪潮的物联网技术（The Internet of Things），对保险业的发展来说，可谓影响深远。保险业务主要是对客户的人身、财产损失进行补偿服务。因此，确定定价基准和风险发生的概率及可控性，就成为保险公司业务运行的重中之重。

物联网技术的到来，使保险公司可以更全面地了解保险对象的具体信息，并实时掌握其动态，大大提高了其业务效率和风险防范能力。因此，很多保险公司开始在其产品和服务中应用物联网的相关技术。比如，在意大利和英国，传感器的应用已经比较成功，这对汽车险、家财险、寿险都产生了很大影响。

值得注意的是，现在越来越多的互联网公司也开始布局智能家居领域，如谷歌收购了Nest，三星买下了SmartThings。互联网企业在物联网领域有着天然的优势，往往能够成为智能生态系统的建构者和主导者。这必然会给保险公司的智能领域布局带来极大挑战，使它们在智能生态系统中处于弱势地位。因此，保险公司要进行自我变革转型，以开放、共享、共赢的心态积极与互联网巨头合作，如此才能抓住物联网带来的机遇，实现更好的发展。

一般来说，客户购买保险行为的发生，包括五个关键阶段：产生购买意愿、确定需要的产品和服务、选择可接受的价格、挑选保险产品、购买。然而，相比于传统的购买行为，"互联网+"时代的到来特别是上述几个方面技术上的突破，极大地重塑了客户的消费行为模式。其中，基于互联网和移动互联网的线上模式，已经成为保险公司争夺的主要销售渠道。

调查显示，高达92%的客户会使用在线方式购买保险产品，这其中又有约88%的人使用了一个以上的在线渠道；而完全不使用在线方式购买保险产品的用户，仅占8%。"互联网+"时代，客户往往会通过多种线上渠道获取保险产品的信息，然后进行选择、比较，最后才做出购买行为。

因此，如何进行自我转型升级，将保险业务运营数字化、线上化，以适应"互联网+"对保险消费行为的重塑，为客户提供更优质的保险产品和服务体验，成为每一个保险公司面临的挑战。

## 7.4.2 对策：改良与创新业务模式

研究显示,在过去的几年中,保险行业正在努力进行业务模式的改良和创新,利用数字化技术和线上平台实现自我的转型升级,以应对"互联网+"的冲击,顺应保险消费行为模式的转变。

互联网技术和平台的发展、普及,重构了人们的消费行为和消费心理。相比于传统的实景化消费行为,"互联网+"时代的消费者更加倾向于利用线上平台和数字化的简易方式,完成产品和服务的获取、比较、选择和购买。

对于保险公司来说,建构客户的数字化信息、优化客户的线上消费体验,成为其转型升级的重要内容之一。

具体来讲,保险公司首先要抓住人们的消费心理和诉求,有效利用线上平台为客户提供更多个性化和多元化的选择,以满足不同客户群体的保险需求;其次,互联网的开放性极大地加重了人们对信息泄露的担忧,在这方面,保险公司要努力采取多种有效措施来消除客户的顾虑,与客户建立起相互信任的强关系;第三,通过技术改进设计出更加简单便捷的用户操作界面,以满足客户简单、快捷、高效的消费诉求;最后,保险公司还应该在客户的消费痛点上多下功夫,以便更好地优化客户体验,增加客户黏性。

以成立于2008年的youi为例。这家澳大利亚的财产商业保险公司,引入了客户反馈评价实时公开制度。即通过技术设置,在公司网站上创建新的版块,让客户在浏览网站时可以在屏幕下方随时看到其他客户的最新评价,也可以搜索自己所关注产品和服务的相关评价。正是通过这些人性化的技术设置,youi极大地优化了客户的消费体验。在对其6000多条客户评价的统计中,满意度高达85%。

另外,2013年10月在美国成立的奥斯卡健保公司(Oscar Health Insurance),是一家充分利用高新技术、将"以客户为中心"做到极致的健康保险公司。Oscar 网站通过精心设计,大大简化了客户的操作程序和难度。公司还利用互联网技术和远程医疗手段,与客户保持适时联系,将防病和治病结合起来,敦促顾客主动对自己的健康状况进行管理,及早进行预防和治疗。网站还会根据客户需求调整预定义参数,让客户了解即时定价和医生就诊的相关信息,并引导客户找到合适的医生。

Oscar 是一家有着浓厚科技背景的新兴保险公司,通过技术接口、24小时在线远程医疗以及高度透明的服务方式,成为健康险领域的家庭医生,极大地冲击了传统健康险市场的服务模式。

保险公司应该顺应"互联网+"的时代潮流,以积极开放的心态利用互联网及其相关的技术和平台,通过技术变革和创新来提高公司运营效率,降低成本。在这方面,国外的很多保险公司都取得了不俗的成绩。比如,前面提到的传感器技术在汽车保险业务等方面的应用,就极大节约了保险公司的评估和风控成本。

据全球领先的商业战略咨询机构 BCG(波士顿咨询公司)推算,保险公司对互联网信息技术的有效利用,可以降低 10%~12% 的费用,降低 6%~10% 的赔付率,综合赔付率甚至可以降低 16%~22%。

由于客户对信息泄露的担忧,很多保险公司都面临着数据缺乏、不够全面和准确的问题。然而,"互联网+"是一个"数据为王"的时代,谁能够最大程度地占有和挖掘数据信息,谁就能在市场中获益。因此,保险公司应该高度重视客户数据的潜在价值,积极采取各种方式消除客户的顾虑。比如,减少保险产品和服务收费,优化理赔流程等。只有这样,客户才会愿意分享自己的信息,保险公司也才能够获得数据信息带来的市场价值,实现业务模式的改良升级。

成立于 1992 年的 Discovery 公司,是南非最大的健康保险公司,在消费者参与式保险产品方面处于世界领先水平。2010 年,Discovery 与平安集团合作,开拓我国的健康险市场。该公司在数据获取和利用方面的成就,给国内保险公司提供了范例。

其中,以"健行天下"(Vitality)健康促进计划最具代表性。Discovery 充分收集整合客户从线上到线下的各种健康数据,并根据健康状态的不同给予客户相应的激励,如旅游、购物,或者减少后续保费的数额,等等。通过这些健康管理和激励体系,鼓励消费者关注自身健康,并干预参与者的健康行为和饮食,培养客户健康的生活习惯。

正是通过这种以客户为中心的激励措施,Discovery 在为客户带来更多实际利益的同时,也获取了大量的客户数据,实现了与客户的双赢。

除了对现有业务模式的改良升级,保险公司更需要做的是,基于网络技术和平台,重构出能顺应"互联网+"时代客户消费行为的新型业务模式,并实现自身的互联网化转型。

例如,Bought By Many 是英国的一家保险中介公司,其围绕保险市场对长尾化产品的需求,以网络社交平台为依托,建立起了新的保险业务参与方式。

具体来讲,公司通过社交平台,将具有相同保险需求的客户聚合起来,为他们统一协商保费和条款,然后客户根据自身的具体情况购买保险产品。这种新型业务方式既为客户提供了方便、降低了支出,又最大限度地稳定了保险公司的客户,实现了多方共赢。

如果说 Bought By Many 只是对网络社交平台的初步应用,那么 RishHuddle 公司的业务模式,则是从更深层面充分利用了社交互助的理念。RishHuddle 公司把具有相同保险需求的客户组成一个小组,组内成员共担风险,也共享保费资金池。如果结算周期内共享资金池赔付能力不足,则由公司补赔;若有节余,则作为激励返还客户。

这种让客户充分参与业务运作的新模式,能够为公司带来极大的口碑效应,降低了产品宣传推销成本。另一方面,小组内的客户在纳入新成员时,也会主动考虑风险因素,大大减少了公司在客户风险评估和控制方面的成本。

另外,在"互联网+"时代,"单打独斗"式的竞争已经成为过去。企业的市场优势更多地依赖于其所在的组织生态系统的竞争能力。通常,可以通过两种途径参与到生态系统的构建中:自己构建(如平安集团)或者与他人合作共建(如德国安联集团)。但不论通过何种方式,保险企业要想实现"互联网+"时代的转型升级,都必须参与到更能适应互联网时代市场竞争的生态系统的构建中。

### 7.4.3 实践:整合与构建生态系统

在2015年清华五道口全球金融论坛年度研究报告中,由BCG和MS(摩根士丹利金融服务公司)联合发布的《保险与科技:数字时代的演变及革命》,对14个可能影响保险行业发展的关键趋势,从潜在影响力和不确定性两个方面进行了分类。

其中,两个关键趋势尤为引人注目:相关企业的跨界保险业务和整合了保险业务的更广泛生态系统的构建。这两个方面的影响使保险业的发展有了更多的不确定性,给保险公司带来了更大的挑战。下面,以德国安联集团为例,来看看先进的保险企业是如何通过整合与构建新的保险生态圈,满足"互联网+"时代对保险发展的要求的。

德国安联集团高度重视对互联网技术和平台的运用,致力于公司各项流程的全面数字化建设,打造独特的企业生态系统。比如,通过统一客户界面、开发移动客户端、引入社交媒介等互联网技术,实现产品和服务从线下到线上的转移,提升客户体验。

在生态系统构建方面，打造统一的全球平台、优化市场管理和创新机制，通过广泛的合作实现双赢，创新出具有巨大口碑效应的产品套餐。例如，安联与德国电信合作，基于"数字化时代生活"的概念，开发出面向企业和零售客户的产品。主要包括针对企业客户网络安全的解决方案和保险产品，以及针对零售客户的数字化"互联网之家"服务。

### 7.4.4 数字化转型：意识、战略与能力

2014年的统计数据显示，我国的保费市场规模达到了1630亿美元，位于全球保险市场的前列。但是，在保费深度与保费密度等保险渗透水平指标方面，我国的保险市场与发达国家相比还有较大差距。

数据显示，2013年我国的保费深度和密度分别为3%和1300元/人，远低于发达国家的8%～12%和15000～30000元/人。另外，从行业发展状况来看，我国的保险业发展也滞后于整体的经济发展速度。这些都说明了我国的保险市场仍有很大的开拓空间。

面对广阔的市场发展潜力，我国的保险企业要具有数字化转型的意识、战略和能力，进行业务的改良、创新、重构，以顺应客户消费行为的变化，以便在"互联网+"对保险业的重塑中占有一席之地。

（1）意识上，要认清不足、居安思危、转变观念

"互联网+"时代，越来越多的互联网公司跨界进入金融市场，极大地改变了消费者的行为习惯和消费理念。保险公司对此必须有着清醒的认识，积极转变观念，利用多种渠道提升公司的数字化能力，以便在未来日益激烈的市场竞争中占据主动。

（2）战略上，要有明确清晰的数字化发展战略规划。

首先，数字化定位是保险公司在"互联网+"时代对自身发展优势的

明确认知，体现了企业转型的主要方向和核心竞争优势。比如，是以客户为中心提升客户体验，还是整合保险价值链的上下游构建生态系统，或者提升专业的数字化能力。

其次，要制定出实践上具有可操作性的数字化路线图，以便能够将发展战略规划逐步转换成具体的运行步骤和切实成果。需要注意的是，由于涉及组织架构、岗位绩效、业务流程、企业文化、IT系统、产品创新等多个方面的内容，因此，路线图在实践上应该是循序渐进的。

（3）构建数字化能力，这是难度最大、同时也是最关键的一步

首先，保险公司要学会适应"互联网+"时代全新的互联网思维和文化。具体来讲，就是要突破传统的投资回报的思维方式，积极学习互联网公司的创新管理精神和开放、共享、共赢的文化，以不怕失败、锐意进取的精神进行数字化的转型。

其次，进行业务核心流程的数字化，建构出"互联网+"下的保险业务生态系统，以便能够提供跨渠道的、端到端得业务流程。

再次，正如上面提过的，数字化的转型不是一蹴而就的，需要保险公司根据自身状况循序渐进地实现。因此，企业应该继续保持旧有业务以维持企业发展的稳定性。同时，保险公司也要积极培养数字化创新能力，以适应互联网保险的新要求，并通过新业务实现公司的长期发展。

总之，"互联网+"的到来，正在重塑着全球保险行业。不论是否愿意，技术的不断发展、消费者行为和心理的变化，都是保险公司无法回避的挑战，这将促使它们主动或者被动地进行数字化的转型升级。不论是安联、平安等传统保险巨头的互联网化转型，还是顺应"互联网+"出现的Oscar、Bought By Many等新型保险公司，都为我国的保险行业吹进了一股新风，为保险公司的转型升级提供了极好的借鉴和范例。

# 第8章

## 互联网+支付：
## 读懂移动支付，搞懂商业未来

## 8.1 移动支付概述

### 8.1.1 移动支付的含义

互联网的高速发展，带来了一股颠覆和变革之风，同时互联网思维在各个领域的应用使传统理念因不能适应时代的发展而面临被淘汰的命运。

伴随互联网发展而来的还有一股股势不可挡的浪潮：移动潮、智能硬件潮、并购潮、互联网思潮以及上市潮、金融潮等，这些浪潮的出现表明在移动端发展带来的重大机遇面前，互联网行业的发展依然没有摆脱跟风、炒作等模式。

2015年，越来越多的领域被卷入互联网发展所带来的颠覆热潮中，各种迹象表明，移动支付在这场颠覆热潮中获得了一次爆发，而这已经让很多大佬们意识到了威胁。数据研究公司IDC发布的报告显示，2017年全球移动支付的规模将超过1万亿美元。这也就意味着，在未来几年的发展中，移动支付将呈现强劲的发展势头，而在这强劲的发展势头背后，是各方在该领域的加速布局。随着行业大佬们的加入，整个移动支付市场将呈现更加混乱的局面，可能每一家企业都会推出自己适用的支付标准以及支付技术，处在劣势一方的商家则会因为使用其中的支付技术而被迫签订排他合作协议，也就容易出现用户在支付的时候使用的是微信支付，而商家却只能接受支付宝付款的情况了。

可以说，在移动互联网时代，移动支付是一种最具革命性的应用，这也让移动互联网看到了实现盈利的新方式，同时也成为撬动和支撑移动互联网产业的重要支点。如果说Web2.0的到来给企业带来了一种新的营销方式，电子商务的出现颠覆了传统的商业模式，那么移动支付的出现和应用则改变了人们的生活习惯和方式，让人们可以享受到更便捷的生活。

而今，随着移动支付应用范围的不断扩大，移动支付在整个移动互联网产业中发挥了越来越重要的作用，各方也开始在移动支付市场展开激烈的争夺战。

移动支付是用户在消费的过程中使用移动端设备进行付款的一种支付方式。使用移动设备、近距离传感技术或者互联网就可以向银行等金融机构发送支付指令，金融机构在接收到指令之后就会产生货币支付和资金转移的行为，至此就完成了整个移动支付的流程。移动支付将互联网、移动终端设备、金融机构、应用提供商联合在一起，为用户提供支付服务。

移动支付早就摆脱网页访问或RFID等所限定的发展框架，出现了更加丰富的运作模式，银行等金融机构、互联网公司、商家、第三方支付公司等都是重要参与者。未来，随着移动支付在我们生活中的深入渗透，每一个人都可以成为交易的发起者和接受者，这种互动式的交易方式将带给人们更便捷、优质的体验。

根据支付方式的不同，移动支付可以分为远程支付和近场支付两种方式（见图8-1）。

**（1）远程支付**

远程支付就是用户通过手机登录银行网页进行支付，或者直接借助相关的支付工具，比如汇款、邮寄等方式进行支付。

远程支付有两种子模式：一种是客户端模式，另一种是内嵌插件模式。

客户端模式是使用移动智能设备上的远程支付客户端，通过读取相应的账号信息来完成交易。根据不同的账号输入形式，客户端模式又可以细分为无卡模式和有卡模式。

内嵌插件模式是指在移动电商网页或其他移动客户端中安装上支付插件，用户使用移动端设备购物或者进行消费娱乐的时候，使用客户端上的应用来完成支付。

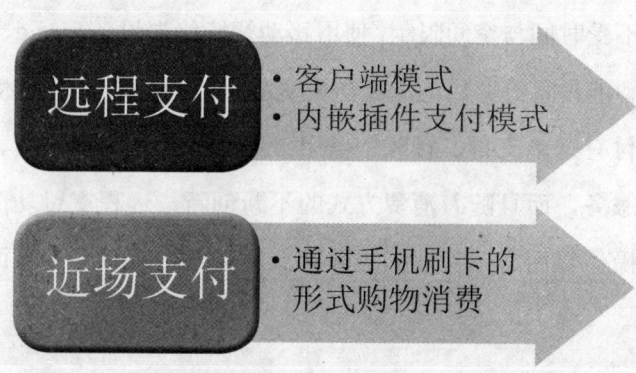

图8-1 移动支付的两种方式

（2）近场支付

近场支付就是消费者在消费的过程中使用手机直接支付，支付是在具体的应用场景中进行的，不需要任何移动网络的支持，借助的是射频、红外与蓝牙等通道，与POS机以及自动售货机等终端设备实现近距离通信。简单来说，所谓的近场支付就是通过手机刷卡的形式支付。

近场支付与远程支付的区别不仅在于支付距离的不同，同时也有交互方式的不同。近场支付的实现需要终端设备以及技术的支持，比如红外、射频、蓝牙、POS机终端等；而远程支付的实现则离不开网络和交互平台，可以是支付公司平台，也可以是运营商平台或者是第三方互联网平台。

## 8.1.2 移动支付的发展

移动互联网技术的迅速发展催生了电子商务向移动终端的转移,比PC互联网在线支付更为安全、更为便捷的支付方式——移动支付,走上了时代舞台。

**(1)移动支付技术**

移动支付技术是指在电子商务处理过程中,在移动无线网络的支持下,消费者能够不受时间与空间限制,使用移动智能终端设备(ipad、智能手机、移动可穿戴智能设备等),为满足商业交易进行的资金流动技术。

远程支付有账单支付、转账、信用卡还款、公共事业缴费、商务旅游等金融支付服务,而且随着消费方式的不断创新,远程支付功能也将不断完善。按照操作界面与远程数据的连接,远程支付可以分为下面两种方式(见图8-2)。

图8-2 远程支付的两种方式

① WAP(无线通信协议)和客户端支付模式。

该模式有着人机互动性高、简单、便捷的操作界面,用户只需要点击不同的图标就可以完成商品的交易流程,其支付过程在是具有高度安全性的支付应用载体上选择合适的银行卡进行的。

② STK（用户识别应用发展工具）数据短信支付模式。

用户在静态的 STK 菜单选项中选择合适的商品及服务，并进一步通过选择银行卡完成支付。还可以通过第三方服务商提供的购物界面及 WAP 界面筛选商品并发出订单，订单将会以数据短信方式传输到后端应用服务器，再通过短信方式由消费者对订单信息进行确认完成支付流程。

近场支付是通过射频（NFC、RFID）及蓝牙、红外线技术让移动终端与消费终端实现连接完成支付。通俗来说，近场支付是两种终端之间的直接对接，不需要特定的中介，近场支付的终端形式主要有定制化的 SIM 卡、手机贴片、SD 卡以及特制的手机等。

**（2）移动支付的发展**

移动支付自产生以来主要经历了业务导入期、规模扩张期以及产业成熟期，其各个时期的发展状况如下（见图 8-3）。

图 8-3 移动支付的三个发展阶段

第一阶段（2000—2006 年）：2000 年中国移动的短信（SMS）正式发布。之后许多服务提供商（门户型、专业型、专项型）洞察到了短信应用于支付领域的市场机会，短信开始成为互联网以及移动互联网小额收费业务的主要支付手段，此时的话语权主要集中在这些服务提供商手中，银行还没有涉足此领域。

第二阶段（2007—2008年）：WAP支付在手机无线通信协议的发展下逐渐发展起来。此时WAP商家通过自主研发的支付方式与手机用户进行交易，银行与第三方支付开始涉足移动支付领域，并且随着时间的推移二者在这个领域的市场份额逐渐增大。

第三阶段（2009年至今）：在这个时期，远程支付与近场支付飞速发展，在2009年1月7日，工信部正式颁发移动3G牌照，移动3G迎来了运营与推广的新时代；2012年12月14日，中国人民银行正式推出中国金融行业移动支付系列技术标准，对射频技术做出统一采用13.56MHz的NFC技术的规定。

移动终端设备与无线传播技术的发展与应用，让互联网企业与传统企业开始研究移动技术新模式。银行也开始广泛参与到移动支付领域中，并研发了一系列产品及服务，正式向移动支付领域进军。

在移动支付领域，广发银行一直以创新发展、积极变革的新姿态开发令消费者满意的移动金融产品及服务。

2005年，东莞广发银行分行与东莞移动联合推出了覆盖广东地区的STK（用户识别发展工具）"手机钱包"服务。处于该业务服务范围的中国移动用户只要将手机号同广发银行账户绑定，就能进行手机转账、账户历史交易查询、余额查询、手机缴费等自助金融服务。接着该业务又推广到了北京地区。

2011年1月份，广发银行推出了WAP版的手机银行与客户端版的手机银行，为用户提供24小时的便捷理财服务。WAP版手机银行简单易操作、兼容性强，客户端版的手机银行支持Android、IOS、Windows Mobile、MTK、Blackberry等大部分手机操作系统，能够为客户提供转账、支付、公共事业缴费、投资理财等金融服务。广发银行以手机银行为依托，还开

发出了在手机商城全额付款或者分期付款千余种商品的手机商城业务。

广发银行手机银行有着人机交互性强、体验性极佳的操作界面,让用户享受到移动互联网金融给生活带来的巨大便利。2013年艾瑞咨询发布的数据显示:广发手机银行在2012年全国商业银行手机银行用户满意度调查中排在第四位。广发手机银行使用人数从2012年年底的124万增加到2014年年底的500万,成为深受客户欢迎的手机银行之一。

广发银行积极拓展电商渠道,提高金融服务覆盖范围。2011年广发银行与阿里合作,共同发行了"广发·淘宝联名卡",在移动支付领域双方展开通力合作,后续又与支付宝联合推出了银行卡快捷支付、信用卡快捷支付业务。用户通过手机支付宝客户端将淘宝账户与广发银行账户绑定,支付方便快捷,而且相对于传统的网银支付安全性大幅度提升。阿里公布的数据显示:广发银行卡的资金交易量一直维持在全国主要商业银行在支付宝平台资金交易量排行榜的前八位,二者实现了共赢。

广发银行一直在着力实现传统银行卡业务的电子化。2012年底,广发银行开发出了"SD—Mall"手机支付,它可以借助于手机存储卡中的内置非接触式模块完成近场支付。除了支持一般的信用卡贷记交易,方便快捷的非接触式电子现金交易也成了吸引用户的一大优势。

2013年2月22日,中国移动与中国银联宣布共同研发的远程发卡与应用管理平台(TSM)技术测试完成。3月份广发银行做为首批合作银行之一加入此项目,用户在中国移动更换专属的SWP—SIM卡,在手机上安装手机钱包APP之后,便可以向广发银行申请金融IC卡账户绑定手机SWP—SIM卡,从而用手机就可以完成贷记交易以及电子现金支付。

广发银行用户可以用手机上的手机钱包客户端体验到金融IC卡申办、账户余额及明细查询、电子现金圈存(用于完成在国内加入银联"闪付"的商家"刷手机"的小额近场交易)等功能。

由此，广发银行实现了由传统银行线下模式向涉及 SD 卡手机支付及 SIM 卡手机支付的移动互联网模式的转变。

### 8.1.3 移动支付产业面临的挑战和对策

新兴起的移动支付尚未完善，还存在着一些风险与漏洞，商业银行应该对此有着清醒的认识并制定相应的方案去努力解决这些问题（见图8-4）。

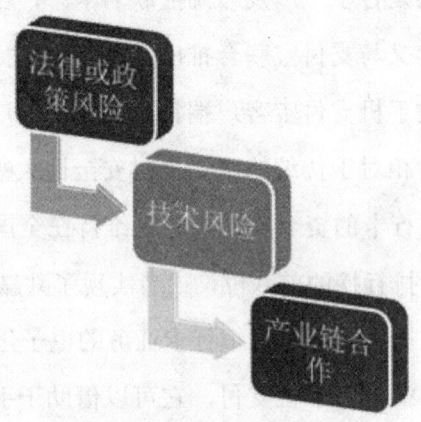

图 8-4 移动支付面临的挑战

**（1）法律或政策风险**

当前我国的移动支付尚处于初级发展阶段，一些相应的法律法规及监督机构并不完善，对参与支付双方的权责没有明确的界定。当下的短信金融诈骗事件层出不穷，多数人对电子支付的安全性表示担忧，而且在发生金融风险后，有一些走法律程序根本得不到有效解决。

作为商业银行更应该小心谨慎，加强风险意识并利用现有的法律法规减少风险的发生，比如利用现有的类型相同的法律制定移动支付相关协议，如《合同法》《支付结算办法》《票据管理实施办法》等。在技术安全上

则参照当前实行的信息技术安全方面的法律法规，如借助《信息法》《互联网信息管理办法》《电子签名法》等制定相关内议。

广发银行专门制定了《广发银行移动支付管理办法》来明确银行各部门的权责，规范化的业务管理流程能够为用户的移动支付保驾护航，有效降低风险。

(2) 技术风险

移动支付技术上的主要风险有支付密码被盗取、实施短信存在漏洞、身份识别及信用体系不完善等。在手机支付领域易发生手机丢失、密码被盗、手机病毒感染等风险，给用户及商业银行带来难以挽回的损失。

在移动支付产业链主要环节上的商业银行、第三方支付机构、电信运营商等应该完善自身流程管理，为用户提供安全便捷的手机支付服务。应该有完善的用户数据库保护系统，确保平台系统的稳定性，制定应急突发处理机制等。对于支付中可能遇到的问题，可以采取对关键数据加密的办法加以防范，要有相应的监控设备实时无死角地监控，还要做好数据备份工作。一些交易数据要能够完整地保存，以便为日后遇到的纠纷或法律问题提供证据。

广发银行从移动支付的技术安全角度考虑，研发了动态令牌验证工具、数据传输与通话多种加密算法结合方式、用户交易实时监控等一系列技术。

(3) 产业链合作

移动支付的完整产业链有多个行业参与，如电信运营商、商业银行、用户、设备生产商、服务提供商等，每个行业都扮演了不可替代的角色，而电信运营商与商业银行在移动支付领域的主宰者之战，使当下存在着无法有效统一的多种支付方式。

金融机构应该与产业链上的其他行业通力合作、优势互补，打造多方共赢的局面。电信运营商与商业银行的合作，可以将电信运营商掌握的通信传播渠道和庞大用户群的优势与商业银行的银行网关和资金结算业务的支付优势相结合,组成一个强大的移动支付服务网络,使二者共同受益。

2013年,广发银行在移动支付渠道投入巨资,促进手机银行的信用卡分期业务、扫码支付、"O2O"、个性化服务等快速推进;同时将手机银行技术进行一系列优化,争取为用户提供多元化的功能模块以及生动的数字业务流程展示服务。由于当下多种支付模式并存,而未来的移动支付模式局面尚不明朗,广发银行全方位布局,SD—Mall、银联 TSM、银行独立研发的 TSM 模式同时开展,而且与电信运营商、银联深入合作。

随着资本需求的快速增长,证券市场的功能进一步加强,银行的媒介作用逐渐降低。尤其是在党的十八大召开后,金融改革的进程加快,利率市场化也在压缩银行传统业务的利润空间,仅凭借存贷款利率差为主要赢利点的传统商业银行迫切需要一次深入的改革。

移动支付带来的将会是一个全新的产业价值链,将为商业银行带来巨大的业务利润,还会减少银行对线下渠道业务的依赖。移动支付提供了一种高效率、低成本的渠道,降低了银行的经营成本。商业银行还可以通过移动支付为客户提供的优质服务来增加用户的忠诚度,为自己树立良好的口碑。

历史告诉我们,信息革命给金融业带来的是一次全新的机遇,移动支付给金融注入的活力甚至远超互联网,这场参与度更加广泛的革命需要商业银行不断开拓创新,以一种开放合作的心态与这条产业价值链上的其他企业共创价值。

## 8.2 移动支付的生态战争

### 8.2.1 群雄逐鹿移动支付

在 2014 年之前,线上支付一直在市场上占据着统治地位,而 2014 年春节期间,微信发起的新年红包活动,使微信支付用户迅速增长,同时也让微信、支付宝等玩家看到了"支付+社交"所带来的商业机会,整个移动支付市场呈现一派热闹的场面。

微信、支付宝等移动支付玩家除了派发红包,还利用线上打车软件及与线下实体商家合作,吸引更多的用户参与到移动支付领域中去,此外还积极推出各种各样的互联网理财产品,提高用户对移动支付的使用率,增强用户对移动支付方式的黏性,有力地推动了移动支付的发展。

在移动支付的使用人群中,年轻白领占了大多数,因此,如果能够将白领人群的习惯掌握在自己手中,那么此后移动支付就可以自然延伸到团购、餐饮以及娱乐等一系列应用场景中。建立在移动支付基础上的移动金融也就有了更多的挖掘空间。

支付宝钱包:在整个移动支付行业处在"大佬"的级别。担保交易是淘宝上盛行的一种交易方式,消费者在购物消费的时候需要将钱支付给支付宝,在收到货物确认收货之后再向支付宝发送指令,将钱付给卖家。支付宝是天生的资金管理者,运营的目的就是要将用户的资金留在自己的账户内(见图 8-5)。

图 8-5 支付宝钱包

微信支付：拥有较大的发展潜力。相对于快捷支付，微信支付拥有更简化的支付流程，同时简化掉了"财付通"，可以用银行卡直接付款，为用户的购物消费提供了更多的便利（见图 8-6）。

微信支付商户通

图 8-6 微信支付介绍

近场支付（如 NFC）：积聚能量，蓄势待发。NFC 是一种将智能手机、信用卡等设备相互靠近并实现通信的技术，为线下应用场景的支付功能提供了重要的技术支持（见图 8-7）。

图 8-7 NFC 支付

在国外市场上，近场支付发展、扩展的速度更快一些：谷歌钱包在

2014年开始在移动端全面发力；苹果也进入了移动支付市场，iPhone 5S 搭载的 Touch ID 指纹识别器为其在移动支付领域的发展提供了良好的技术条件。

苹果 CEO 库克曾经表示，苹果对移动支付市场非常感兴趣。当然除了苹果之外，移动支付领域还有很多颇具潜力的公司，比如 PayPal、亚马逊。国外的 AT&T、T-Mobile 和 Verizon 三大移动通信运营商已经合作成立了 Isis 联合公司，并将发展的目标对准了移动支付市场。

除了这些具有雄厚基础的巨头企业之外，一些初创企业也开始将发展的目光聚焦在移动支付领域，并且实力不容小觑，比如 Square 推出的移动支付方案，用户只要借助 iPhone、iPad 或其他移动智能终端就可以完成支付。

随着 O2O 支付和移动电商场景的逐渐丰富，以及各种数字化消费和移动理财方式的盛行，移动支付市场将迎来空前的盛况。巨头们都希望利用自己的支付工具建立一个商业闭环，将各个商业环节打通，从而实现良性循环。到底谁能在移动支付市场上占据主导地位，目前来看还是一个未知数。

### （1）移动支付产业的发展痛点：安全性和监管

移动支付虽然在移动互联网发展的推动下实现了快速成长，但是该领域仍然存在很多不可忽视的问题，比如移动支付的安全性、商业模式和监管等。但是这些问题并不是一两个方案就能有效解决的，只能期待移动支付在成长过程中逐渐完善。

安全问题是移动支付在发展过程中必须面对的，这也是制约和影响移动支付发展的关键问题，为了让消费者更放心地使用移动支付，各个企业必须有更高的技术要求。事实上，除了安全问题之外，还有一些问题是移动支付必须面对的：

①远程支付的热度还将持续很长一段时间，官方的相关机构应该如何进行有效的引导？

②远程支付和近场支付之间将会展开一场激烈的争夺战，最终是共生共存还是两败俱伤？在双方展开激烈竞争的过程中应该如何保护消费者的权益？

③对于在移动支付领域出现的二维码、手机定位、RFID电子现金、声波、生物特征（指纹、声纹、人脸）等模式，用户更倾向于哪一种？

④谁能够打通硬件、设备制造、制卡等整条产业链，实现各个产业环节的有效运作？

⑤移动支付产业链上包括银行、硬件提供商、运营商以及软件平台商等各个利益相关方，应该如何进行利益分配？

⑥怎样建立一个信任度比较高的服务平台，谁来构建，构建需要遵循哪些标准和规则？

⑦移动支付产业中的许多模式尚处在萌芽阶段，技术、商业运作模式、安全性和监管方面等都不够完善和成熟。

⑧企业的创新能力。创新是企业突破、发展的重要基础，因此在移动支付领域，企业也应该积极开展创新。

要构建良性循环的移动支付生态环境，单纯依靠一两家企业是不可能实现的；需要企业之间通力合作来完成，在构建移动支付生态的同时，创造一种共生共赢的生存环境。

**（2）移动支付竞争的焦点在于支付生态之争**

移动支付领域的竞争焦点并不在支付本身，而在于在支付应用的商业场景中能否实现效益，比如在该领域的商业模型和收益模式能否实现可持续发展、产业的定位是否符合客户的要求、移动支付领域的软硬件发展以及监管是否完善和成熟等。

因此，现在移动支付领域的战争已经不是单纯停留在工具层面，而是上升到了以互联网企业生态能力为衡量标准的层面。巨头们之所以进入移动支付领域并不是要做移动支付工具，而是为了打造一个金融生态。

移动支付领域的各方已经展开了激烈的竞争：微信通过"我的银行卡"进入团购、电商、理财以及生活服务等领域；支付宝钱包不仅有余额宝，还为线下的商家提供服务；百度钱包正在试图将百度地图、百度轻应用、百度团购等业务整合进移动支付领域；同样，运营商、手机厂商和银联等主导的近场支付也希望能利用"硬件+运营"的运作方式攻下移动支付市场。

### 8.2.2 微信支付 VS 支付宝钱包

2014年春节期间，微信发起的"抢红包"活动火遍了整个中国，微信获得的数据显示，从除夕到初八有超过800万用户参与了此次抢红包活动。而微信红包在红遍春节的同时也开始横扫整个移动社交领域，再加上线下联合滴滴打车开展的打车软件市场的争夺战，微信支付一度成为众人讨论的焦点。

而支付宝钱包作为移动支付领域重要的参与者，也开始借助余额宝在市场上的作用开展圈地运动，主要表现在：阿里在推出"来往"对抗微信失败之后，开始将目光转向支付宝钱包这款专业领域的移动产品，并将其推向舆论的焦点。

微信支付和支付宝钱包，两者在移动支付领域谁更占据优势，两者之间的竞争又主要体现在哪些方面呢？微信支付与支付宝钱包在发展过程中走了两条完全不同的道路，并在各自的道路上越走越远（见图8-8）。

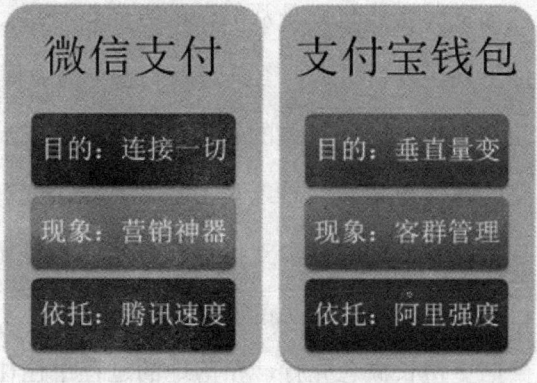

图 8-8 微信支付和支付宝钱包的对比

**（1）连接一切 VS 垂直量变**

移动互联网天生就带有一种"孤岛"属性，实现每一种需求都要有一款相应的应用，虽然这样碎片化的应用带来了很多麻烦，但是却有比较高的运作效率。

微信连接一切的目标就是希望能借助自身在入口方面的优势，将其打造成为一个万能的百宝箱，通过高频的社交行为，更深入地融进用户生活的各个角落，并将其中的核心业务放在微信菜单中形成强制连接，而对于一些分散且具有个性化的业务，则由微信公众账号来完成。

微信的产品框架主要由信息流构成，虽然重点还是支付功能，也具有比较高的战略意义，但是其层级表现却不够突出，而且对其他消息的反应比较敏感，只有一些目的性极强的支付行为才会使用到微信支付。除了可以从银行卡直接划账之外，微信支付还有"零钱"功能，足可见微信团队在经营支付产品过程中的谨小慎微。

而与之形成鲜明对比的支付宝钱包，在阿里落地到实业市场的发展过程中发挥了重要的作用。微信在实现连接一切目标过程中使用的手段是横贯各个商业模块，而支付宝钱包则是从纵深的方向，将自己打造成为一个更精细的专业支付工具，并利用这一工具深入到各个商业模块。

此外，支付宝钱包也在一些具体的领域进行了深入发展，并致力于为用户提供更加完整的解决方案，比如"未来医院""未来公交"等计划的提出。当微信还在一次次更迭换代的时候，支付宝钱包早已将目光瞄准了具体的行业，并通过自己的优势以及资源彻底颠覆了传统的生活习惯。

由此可见，微信更擅长概念先行，在落地的过程中往往有些疲软，在利用支付功能连接消费方面仍然有很大的发展空间。而支付宝钱包在阿里的支撑下全面渗透进垂直市场领域，并且获得比较实际的效果。

**（2）营销神器 VS 客群管理**

进行支付行为有一个重要的前提，就是用户和商家之间应该建立联系。因此微信和支付宝，都分别搭建了相应的微信公众平台和支付宝钱包开放平台。

微信公众平台搭建的初衷是为了将具备媒体基因的使用者以及具有商业基因的使用者区分开来，并将其划分为订阅号和服务号，但是从商户的选择上来看，微信所进行的这种分类是不合理的：虽然订阅号经过折叠处理，而且在接口权限上要落后于服务号，但是它受关注的程度却远远超过服务号，而且第三方管理系统的广泛应用也让越来越多的商户开始利用订阅号对产品进行宣传营销，并利用自定义菜单将浏览的用户导入到后端平台，虽然表面上看用户和商家的关系仍然没有脱离微信，但事实上，两者已经不在微信支付的闭环之内。

因此出现一种非常有趣的现象：微信团队一直对外强调自己不是营销工具，但是微信公众账号却在发挥着营销的功能。用户对微信的形态发挥了决定性的作用，这不仅反映了微信的自然生长属性，同时也表现了商家

和用户在建立联系过程中形成的默契。使用微信公众号进行营销宣传一般是落点到朋友圈,获得用户的订阅,从而为日后的信息推送提供有价值的参考。

支付宝钱包上线的服务窗,设计逻辑与微信公众号相似,用户只要使用"关注"按钮就可以选择商户并进行简单快捷的操作,比如可以在景区购票、查询银行账单等,但是支付宝钱包在重视其他功能的同时也为社交与媒体两大功能的发展设置了一道屏障,因此支付宝钱包要做的是打造"沉浸式场景",在每一个服务窗体系中,都有一群有明确需求的消费群体,商家要做的就是完善菜单内容设置,并对用户的召唤最快做出响应。

此外,支付包钱包也非常重视用户质量,虽然所有的开放平台都允许第三方在得到授权之后获得平台积累的用户资源,但是相比较来说,支付宝钱包为第三方提供的用户资源,是拥有消费数据的 3 亿实名用户,这些用户资源是阿里在多年发展中积累的宝贵资源,也是阿里在移动支付领域核心的资源,因此其价值远远超过其他开放平台。

总而言之,微信所开创的是营销的想象空间,与其他移动支付相比最大的特色在于其创新的玩法和不可预知性,非媒体类的微信公众账号也在开发属于自己的方式,从而向用户推送支付机会。支付宝钱包是在针对客户模式进行优化,并围绕支付的实现构建"工具型"入口,支付宝钱包的最终目标是利用线上资金的转移取代现金。

(3) 腾讯速度 VS 阿里强度

阿里和腾讯在线上和线下的激烈竞争,与其说是一场生存战,不如说是两巨头在顺应互联网发展的变革趋势,划分各自的势力范围。

银泰与阿里、万达与腾讯之间建立的合作关系,虽然表面上看双方处在相互平等的地位,但事实上这些传统企业如果没有互联网企业的支持,很难在线上获得大量的流量和用户数据。而互联网企业即便不以传统企业为跳板，随着市场的变化和资本转移，在传统企业失去自己的优势并导致整个商业领域秩序混乱的情况下，互联网企业依然能够从容接管和处理残局。

因此阿里和腾讯选择与银泰和万达合作只不过是锦上添花，而如果银泰和万达不肯主动与互联网巨头合作的话，虽然不会立刻走上覆灭，但是在未来的产业方向上，也会失去更多的底气和信心。因此银泰和万达为了寻求与阿里和腾讯的合作，主动将自己掌握的支付结算权力让渡出去。

在调动和安置移动支付领域两只军队的方法和手段上，阿里和腾讯也分别采用了不同的策略。

①对于腾讯的战略，可以简单用一个字来概括，那就是"跑"。

用最快的速度划定自己的势力范围，两条腿奔跑，一条腿是不断完善用户的身份 ID，另一条腿是不断提升平台接入的数量，即便在跑的过程中遇到了万达，腾讯依然没有放慢脚步，也正因为如此，腾讯在万达电商公司只持有 15% 的股份。而对于所有的接入方，只要确保微信支付的地位，那么在与其建立合作之后，微信就会即刻投入到新的行动中去。

有人认为，微信支付所采用的是支付宝之前应对中小网站时所采用的战术，不管后端有多么复杂，依然是将目光聚焦在前端，打造一致性的用户感知。然而腾讯并没有让财付通在后端提供必要的技术支持，而是将所有的东西都交给了社交 APP。

虽然这样做统一了用户感知，但是却模糊了微信本身的用途，并且也使微信变得愈加复杂，而腾讯内部还有很多项目正在排队准备接入微信，因此腾讯跑得越快，也就对用户的理解以及承受能力的要求越高。微信的支付功能除了扫码之外，由于缺乏有效的产业融合创新，其发展也受到限制。

②对于阿里的手段，可以用"拧"这个字来概括。

通过强大的意志来对合作企业的商业结构进行改造，并将支付宝变成企业运作过程中必经的一个环节。比如2013年，银泰与天猫达成合作，参与天猫的"双十一"活动，并将支付宝融进了自己的运营管理流程中。

阿里非常重视支付宝钱包的基础设施建设，接入支付宝钱包的商户都需要经过"互联网化"这一环节，支付宝钱包会帮助商户建设免费Wi-Fi集客、分析用户消费能力等，从而为传统商户注入互联网化的基因，并推动其向"未来商户"的方向发展。

阿里除了拥有淘宝和天猫两个天然的流量入口之外，在移动端还没有建立和形成自己的流量分发优势，腾讯也没有，互联网领域流量优势依然掌握在百度手中，因此微信支付与支付宝钱包在这场战争中谁能获得最后的胜利，现在来看还是未知数。

未来微信支付与支付宝钱包谁能拥有更广阔的发展前景，很难做出评判，因为它们之间的战争本质上是"代理人战争"，其支持的"代理人"，也就是传统商户，它们之间的决战，才能最终决定微信支付和支付宝钱包孰优孰劣。

### 8.2.3 "场景+支付"模式

2014年，国内第三方移动支付市场以6万亿元的交易规模创下历史记录，这一方面是由于移动互联网的快速普及，另一方面是由于大量铺设的移动支付消费场景，包括火热的外卖、彩票、打车、互联网理财等。

移动支付既是传统互联网经济的最后保障，同时也是打开互联网金融和O2O市场的第一步，新的经济效益可以从移动支付的数据沉淀中取得，因此，银行、创业公司、运营商、互联网巨头等开始攻击移动支付领域。下面我们需要对移动支付场景有个大概的了解。

（1）独立APP VS 内嵌APP（见图8-9）

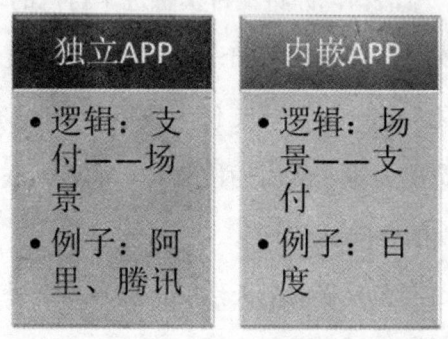

图8-9 独立APP VS 内嵌APP

在原生APP的背景下，移动支付是不是应该模仿支付宝，做一个独立APP？阿里之所以这么做，与阿里系的生态产品线有着必然的联系。作为移动支付最重要场景的电商，是阿里起家的基础，所以，支付激活对阿里是轻而易举的事。

其实电商并不是阿里的目的，但是由于阿里的流量去向单一，在其他领域又没有丰富的产品线做支撑，在这种情况下，阿里通过独立支付应用反向撬动其他场景，这也是阿里能够把余额宝做大的原因，即：支付——场景。

与阿里不同的是，百度钱包在刚刚成立时，选择将支付内嵌于APP中，以手机百度和百度地图作为百度移动端的两个入口。在此之前，有业内人士分析称"下载APP是一件不容易的事"，因此很多公司望而生畏，选择将支付内嵌于其他APP中。

但"下载"对百度来说是一件很容易的事，百度拥有广泛的渠道，短短几分钟就可以再添一款过亿用户的 APP。百度之所以能够做到这样，是因为它的场景比较分散，接入百度钱包的糯米、去哪儿，还有手百、百度地图，基本上是对各种场景集合的支付，即百度自身就具有场景，在场景上再增加一个环节——支付，就形成了"场景——支付"的逻辑。2015 年 4 月 1 日愚人节，百度钱包推出独立 APP 草图，由此可以看出，百度钱包想通过增设独立 APP 激活更多的外部场景，利用双渠道可以进行更全面的覆盖和导流。

微信支付则更像支付宝，不同的是，社交作为微信最大的流量来源，微信支付依赖社交完成支付，再通过支付撬动包括京东、滴滴、同程、点评、美丽说等入驻的一众商家。所以，在过度集中的产品流量前提下，为方便用支付撬动其他场景，独立 APP 是一个不错的选择，阿里和腾讯就是很好的例子。在产品流量较为分散时，为了支付行为最快转化，支付可以内嵌于场景之中，例如百度。

（2）铺设场景 VS 引爆场景

对于微信支付，大家普遍认为场景支撑是移动支付爆发的前提，但问题是，既然场景可以撬动支付，那么是谁引爆的场景？

利用单一场景引爆支付，再通过引爆的支付用户导入其他场景，这便是微信的逻辑（见图 8-10）。但微信红包的不足之处是，蕴含其中的社交才是真正的场景，而非红包，那么微信红包就不属于支付的范畴，只是社交的附属物。这样的话，用户开通微信支付的真正原因就不是"我要开启移动支付"，而是"我要发红包"。所以，对于微信发展的其他场景，用户的使用频率就会较低。

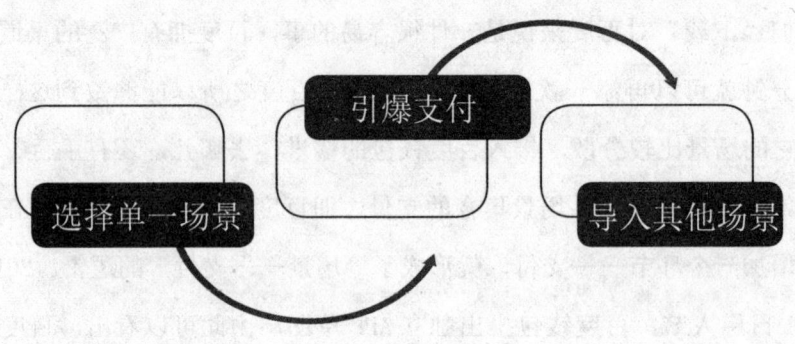

图8-10 微信支付的发展逻辑

从某种程度上来说，虽然红包的覆盖范围更大，但对于用户来说，可能更喜欢用滴滴开通的支付。但微信的逻辑是，通过单个场景的突破，从而引爆支付。

对比发现，百度钱包的逻辑与微信的截然不同，它是通过铺设场景，从而以多个场景带动支付用户（见图8-11）。

图8-11 百度支付的发展场景

从艾瑞咨询的数据来看，2014年第三方支付结构中，B2B电商、电信缴费、网络购物、基金、航空旅行名列前五，百度将对应的场景——综合性的（平台手百和地图）和垂直领域（金融、糯米、外卖、去哪儿）都铺设了，那么百度是怎么引爆这些场景的呢？

百度认为，用户进行搜索时，目的性很强，他对自己要找寻的结果有很强的需要性，自然而然就会发生支付行为，因此，百度的逻辑是不需要引爆。

（3）NFC 支付 VS 云支付

国内的云端支付服务有百度钱包、支付宝、微信支付，我们可以通过下载这些软件在手机上实现支付功能。但在国外，Paypal、Google Wallet 等都主要使用 NFC 近场支付。那么，到底哪种支付方式终将受到大众的追捧，成为未来的主流？我们首先需要弄清楚几个问题。

用户的选择取决于用户对支付的理解。如果我们只是将移动支付当作钱包的延伸，那么更加便捷、友好的 NFC 自然是合适的选择，但如果给移动支付添加一些泛金融的色彩，云端支付就会更受欢迎。现在很多厂商正在努力将云支付与 NFC 近场支付进行融合，或许这才是未来支付方式的主流。

在国外，互联网云端支付企业规模受到信用卡的限制，而互联网化较强的线下商业圈有力地促进了 NFC 近场支付的发展。但在国内，NFC 近场支付的发展受到线下基础设施的影响，而用户早已习惯使用基于电商的云支付。市场研究机构的调查表明，2015 年，NFC 支付占整个支付市场的比例只有 3%，所以，NFC 在未来支付市场中具有很大的潜力。

国内的云支付玩家如何引入 NFC 支付？包括百度钱包与公交一卡通的合作、支付宝与物美超市的合作，扫码支付本质上还是属于云端支付，但是支付形式已经很接近 NFC 近场支付形式。

因此，建立 NFC 统计规范，以使 NFC 成为当下的重要支付形式无关重要。日韩和美国的近场支付分别由运营商和互联网公司主导，近几年，在互联网的攻击下，传统运营商已经无力回天，中国 NFC 支付也将像美国那样由互联网公司主导。BAT（百度、阿里巴巴、淘宝）也都有机会。

（4）支付是入口还是终点？

支付是入口还是终点这一问题类似于是鸡生蛋还是蛋生鸡。互联网经济既然讲究的是没有开始也没有结束的闭环，那么同样，支付也既可以是入口也可以是终点。但到头来，支付还是离不开场景的支撑，支付最终是入口还是终点取决于场景对支付的依赖程度。

如果场景对支付极度依赖，支付更像一个产品，那么支付就是入口，就像支付宝，它就将支付做成了产品；如果场景对支付依赖性弱，支付更像一种功能，那么支付就是终点，就像百度钱包，它就重点突出支付的功能。而微信支付与前两者皆不同，原因在于其支付更像产品，却将产品的核套在了微信的壳上。

因此，不管支付作为入口还是终点，"场景+支付"的模式才是我们所需要的正确模式，只有依托场景，支付才能发挥最大价值。

## 8.3 百度钱包的支付战略

国际移动支付市场的竞争随着微软的加入更加激烈,而国内的移动支付市场则被BAT(百度、阿里巴巴、腾讯)三分天下。Apple Pay进入国内之后,许多公司蠢蠢欲动,国内移动支付市场的现有格局恐怕将因此而发生改变。

2015年4月15日,百度钱包迎来一周年纪念日。比达咨询在《2014 Q4中国第三方移动支付产品市场研究报告》中的数据显示,百度钱包在过去不到一年的时间里,得到超过13%的用户的青睐,直进前三甲,发展势头不可小觑。现在,国内移动支付的局势还未完全定格,百度在与阿里、腾讯竞争的过程中,能否破局形成差异化竞争优势,关键在于以下五步(见图8-12)。

图8-12 百度破局的关键五步

### 8.3.1 对重点场景的把控

2015年4月，51用车和天天用车都获得了由百度领投的融资。百度在出行领域加大了自己的投资力度。之前，滴滴和快的之间的激烈竞争离不开阿里和腾讯的移动支付入口之争，当二者合并之后，市场竞争转向了专车市场。出租行业新巨头滴滴快的和实力雄厚的神舟租车都在专车业务上摆好阵势，想在出行这样一个高频强场景中抢占先机。

百度貌似不缺少强场景。2015年3月7号女生节，百度在线选座购电影票出票率居第一，其中，将近80%的用户选择的支付方式是百度钱包。虽然从市场规模上看不出差别，但是出行的使用频率明显比电影票要高。如何抓住用户？如何应对市场的瞬息万变，不让辛苦夺得的江山转眼变作他人的嫁衣？找到一个高频强场景作为支撑尤为重要，而出行就是不错的选择。

2014年12月，百度先投资了Uber，随后又积极撮合Uber和易到用车进行联手，再加上2015年百度最新注资的51用车和天天用车，百度在出行领域的投资越来越多。而Uber也凭借其优势在专车市场飞速增长。据有关消息称，百度钱包会接入Uber，未来，也将全面接入51用车等出行软件。目前为止，这些专车的支付方式仍为支付宝钱包，一旦全面接入百度钱包，专车市场三分天下的局面就将形成。

百度钱包不仅与专车领域合作，还与公共交通领域打起了交道。2015年4月，百度钱包和刷刷手环合作推出北京一卡通NFC充值业务，从专车到公交，百度展示出想要全面占据出行领域支付的野心。出行领域的移动支付战争由此开始。

### 8.3.2 内部流量的占领

2014年4月，百度钱包上线，采用内置在手机百度APP内的方式，展

开支付对接。当然，这样做有其必然性。

一方面，百度钱包刚成立，人们对百度钱包还不熟悉，所以，用户很难找到百度钱包，就更别提百度钱包里面的支付场景。

另一方面，像手机百度搜索、去哪儿网、糯米团购、百度地图都已经具有一定的市场份额，就连百度外卖APP也已经为大量用户所知。新成立的百度钱包，以支付工具的身份悄然出现，与百度系移动端强产品对接，这些产品可以帮助百度钱包拿下这些市场，而且打通内部所需成本也很低。

迄今为止，去哪儿网等仍然选择支付宝钱包，这应该是考虑到用户体验这一问题。其实，既然用户可以使用支付宝，以后肯定也会使用百度钱包，而要想得到这样一名用户或许只需要几块钱。假设在同一平台，百度钱包只需要比支付宝便宜几块钱，用户就很有可能投向百度钱包的怀抱。

百度钱包要想立足移动端支付市场，就必须强化自己在百度应用中的地位，在移动端布局中，将百度打造成移动支付的大本营。

### 8.3.3 外部流量的汇集

百度钱包通过内置的方式，高效衔接内部流量，经过一年的努力，在内部场景扩建上取得了令人满意的成绩，至此，其通过独立APP将外部场景汇聚起来的时机已经成熟。2015年4月初，百度钱包独立APP设计草图在网上出现。

更多的外部场景通过独立APP激活，双轨并行的方式使得百度钱包可以更全面地覆盖和导流。

要想将外部场景激活，内置在手机百度中的操作步骤会比较多。由百度指数可以看出，一些外部场景及优惠合作往往是用户对百度钱包关注的重点，而独立APP有利于进一步激发用户的这一需求。

手机百度并不包含理财的功能，百度金融中心与百度钱包之间通过独立 APP 更容易打通。

支付宝最擅长的是转账，而百度钱包受金融服务的影响很大。虽然微信和余额宝理财席卷而来，但百度中的许多理财软件也受到广大用户的喜爱，比如其首款互联网大数据基金"百发 100 指数基金"打开申购 4 分钟销售过亿。金融服务与支付通过独立 APP 打通已经成为现实。

### 8.3.4 线下差异化推广

支付场景是否丰富是国内移动支付业务能否铺开的一个重要原因，所以，BAT（百度、阿里巴巴、腾讯）都在竭尽全力地布局线下场景。

有的城市的超市和便利店已经普遍使用支付宝的扫码支付功能，同样，也有一些城市的超市和便利店开始使用微信支付功能。与 AT 强势的线下扩张路线相比，百度钱包需要知道自己想要什么、有什么，从而走出一条属于自己的更精准的差异化路线。

就目前的形势来看，百度钱包从一开始就没有和腾讯、阿里在实体超市这一领域展开斗争，而是先后与一卡通、新世界百货、友礼汇自动售卖、中信出版集团等进行合作，这些合作的特点在于移动支付不仅是一种支付方式，更是一种支付需求和解决方案。

在北京，百度钱包与友礼汇自动售卖机联手，在多处 5A 级景区和景区公园内，安装备有北京特产的自动售卖机，售卖机的支付方式就是百度钱包。这一合作，看似简单，却解决了用户在公园景区内购买食物、饮料不方便的问题。这一合作也同样使友礼汇受惠，友礼汇通过百度钱包的技术能力，可以快速、精确地了解到公园内不同位置的售货状况，从而可以为不同位置的自动售卖机有效分配货物。

与电商不同的是，搜索用于解决用户的需求、所需信息及服务的匹配，百度钱包继承了百度的搜索基因，它的线下发展逻辑在连接人与服务方面。百度或许可以凭借百度钱包，在线下扩展上发挥自己的优势。

### 8.3.5 支付技术创新

无论是国内的 BAT，还是海外的 Apple Pay、Samsung Pay、谷歌钱包，都在积极探索新的移动支付技术。由此我们可以相信，未来的主要支付方式绝不会仅仅是"刷卡""刷手机"这么简单。

2015 年，支付宝钱包推出"刷脸支付"技术，而早在 2014 年，技术派就已经推出"拍照付""人脸支付"这两种技术。现在这些仅停留在技术层面的支付手段，表面上看起来娱乐性大于实用性，但是当金融和理财慢慢趋于移动化时，用户就会越来越注重移动支付的安全问题。

最新的搜索指数显示，生物识别技术正在追赶 NFC，生物支付手段很有可能成为未来主要的支付手段之一，人们会追求更加安全而有效的支付手段，从而影响未来移动支付的格局。

总体来看，移动支付市场的发展才进入起步阶段，一年之内，百度钱包就取得了令人羡慕的成绩。不过，要想在与另外两家进行公平竞争时取得胜利，百度钱包需进一步认清自己的优势，明确自己的发展目标及发展路线，赢得更多的话语权。市场从百度钱包发展的第一年就看到了它的决心，希望在第二年它的勃勃野心有所展现。

实操案例分享

解密世界网络银行·商城的商业生态圈

1. 世界网络银行·商城是什么？

世界网络银行·商城是以世界互联网为依托，将互联网银行和互联网商城结合在一起的超级平台，它将消费者、地面商店、企业等各方面的资源聚合起来，既可以方便消费者购物，又可以形成全球金融共享平台，还可以扶持生产性企业，培植各行业的企业家。

2. 为什么要成立世界网络银行·商城？

世界网络银行·商城的建立既符合商业和货币发展的规律，也是现实竞争的需要。

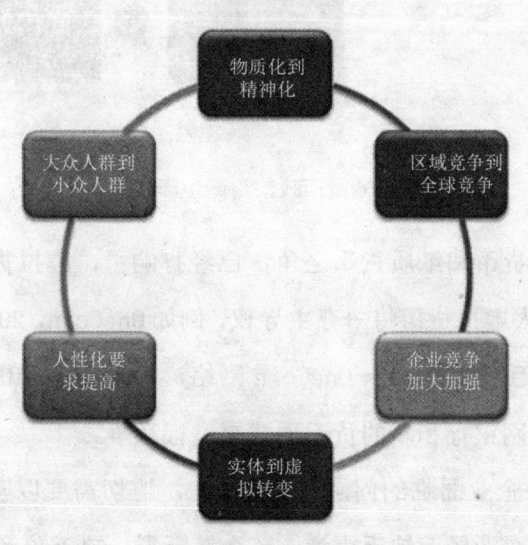

1 全球经济发展趋势的六大转变

全球经济发展趋势正在经历着六大转变（见图1），在这些转变的影响下,尤其是在互联网的影响下,将银行和金融网络化,将实体经济虚拟化,将商城和银行结合并以互联网的形式展现出来,成为新经济发展和企业孵化的必然选择。

新的货币形式和政策的发展催生了互联网银行。在互联网和物联网的影响下,以新的货币形式为主的货币政策影响逐渐加大,并在全世界建立起新秩序。在虚拟货币和新货币政策的影响下,建立世界网络银行和商城,是进行商业竞争的现实需要(见图2)。

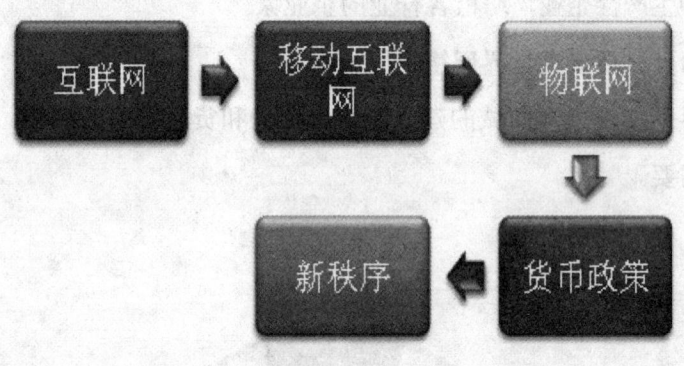

2 新的货币政策将诞生新秩序

目前,虚拟货币和纸质货币之争,已经打响了,虚拟货币的影响将会增强,未来,几大虚拟货币将争夺主导权,例如OneCoin,2014年9月以来,全球大约有60万名用户加入OneCoin网络,涉及194个国家。中国迫切需要以世界互联网银行和新的货币形式来进行竞争。

另外,很多企业面临的问题(见图3),迫切需要以互联网商城的形式来解决。例如企业经营缺乏渠道、资金链断裂、缺乏政策、缺乏系统等,互联网商城可以将众多的地面企业和连锁店聚集起来,建立超级平台,解决企业面临的众多难题。

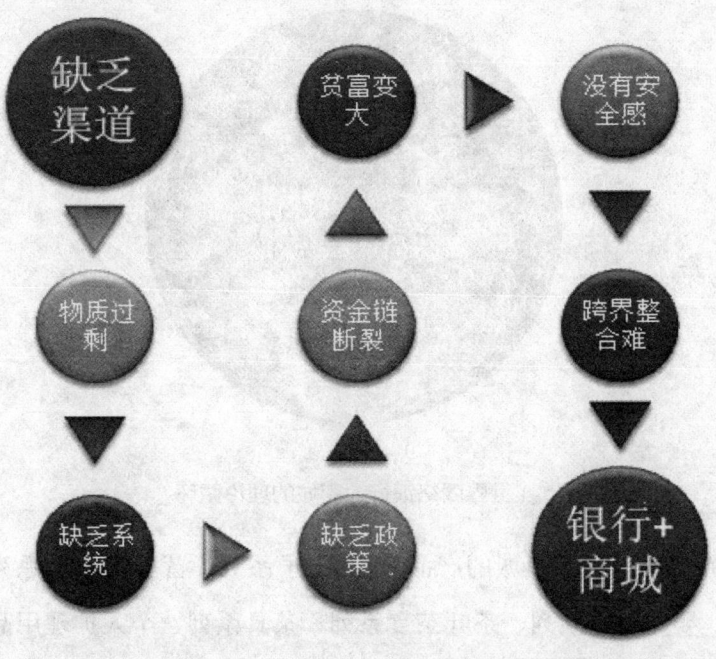

3 当前面临的经济问题

从全球视野看,地球作为人类共同的家园,也迫切需要以一种新的形式达到资源的最佳配置。世界网络银行·商城作为最大限度的调节资源平衡下推出的全球平台,将所有的资源聚合起来,可以减少人们为了资源和生存进行的争夺。

**3. 世界网络银行·商城是如何运营的?**

在世界网络银行·商城的循环系统中,人的循环处于最核心的地位,满足人的物质需求和精神需求。资金流以人民币、美元、电子货币、金融产品为主;将线上店+线下店结合在一起形成产品流,同时实现提供商+物流渠道的无缝对接;信息流以信息源采集+信息发放平台的形式达成信息互通,以内部渠道专享各类资讯(见图4)。

4 世界网络银行·商城的理论循环

世界网络银行·商城的产品有 3C 电子系列、营养美食品系列、保养品系列、婴儿用品系列、茶叶茶食系列、茶具系列、个人护理用品系列、家居用品系列，等等（见图 5）。也就是说，它通过互联网商城的形式，将线下实体店、连锁店和网上商城完美的整合在一起，可以最大限度的服务于消费者和企业。

5 世界网络银行·商城的产品系列

世界网络银行·商城的目标是建成全球金融共享平台（见图6）。它的模式是通过价值交换+信息对等+需求经济+诚信体系+产业革命+实体经济+实体货币+虚拟货币+能量守恒来实现的。这一模式可以说囊括了当今金融系统的所有前沿的技术和模式。

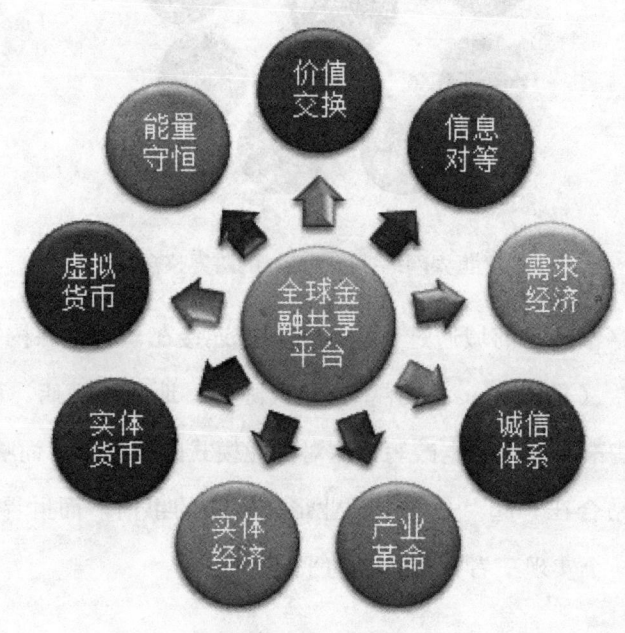

6 全球金融共享平台

世界网络银行·商城可以实现跨界整合（见图7），如吃喝玩乐、便民服务、理财、游戏、滴滴打车、支付转账、微信红包等。通过对比你会发现，世界网络银行·商城仅仅通过跨界整合就可以实现微信和百度的大部分功能。

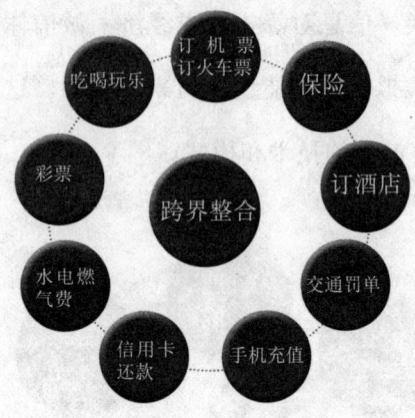

7 世界网络银行·商城的跨界整合

世界网络银行·商城通过大数据将各方连接在一起,深挖客户需求,实现价值对接(见图8)。跨界整合、人际网、地面连锁店、移动互联网商城等,这些都将被大数据改写,这对商业模式的冲击不言而喻。将数据、流量、终端结合在一起,是整个商业形态要做的事情,而世界网络银行·商城提供了一个实现三者完美结合的平台。

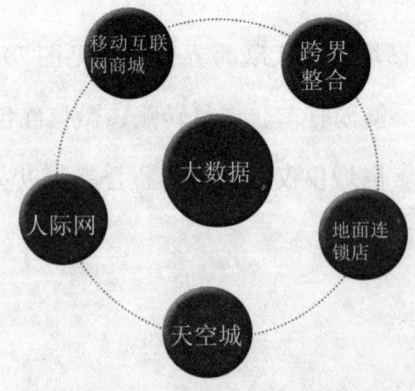

8 世界网络银行·商城的大数据连接

世界网络银行·商城是中国目前最大、最系统的互联网、物联网、金融完美结合的颠覆型组织。2015年,世界网络银行·商城的组织架构,包括旗袍会员、金融之家、联汇通宝、右择基金、三国演义、养老金融、中技控股、世界网络银行商学院等组织(见图9)。如果说一般的企业都是百万级起步的话,那么世界网络银行·商城的起步将是百亿级。

9 世界网络银行·商城的组织架构

为了实现一站式管理和服务,世界网络银行·商城将花重金打造专属的人际资源整合工具——VII智能手机(见图10),它拥有极为高端的配置,可以实现管理和应用的各种要求,例如转账支付、购物消费、团队管理,等等。

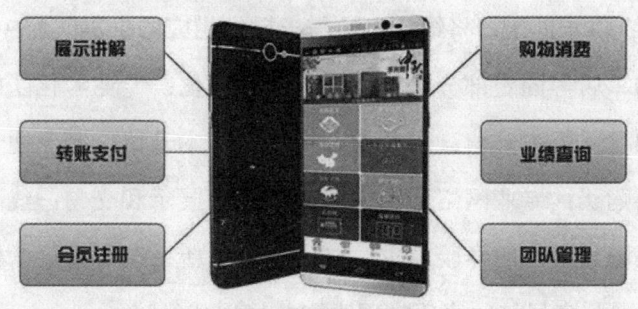

10 整合人际资源的工具—VII智能手机

## 4. 世界网络银行·商城的优势和作用

世界网络银行·商城的核心优势如下：政府扶持，中国健康工作委员会鼎力支持；核心技术，联汇通，拥有全球最稳定技术；安全可靠；全球定位；通路渠道，联通各类厂家和店家；金融资本，拥有中纪控股公司；养老产业；公益基金，拥有缘善恩慈善基金会；专用终端，世界网络银行·商城掌中宝；全球体验中心，网络银行商城展示店（见图11）。

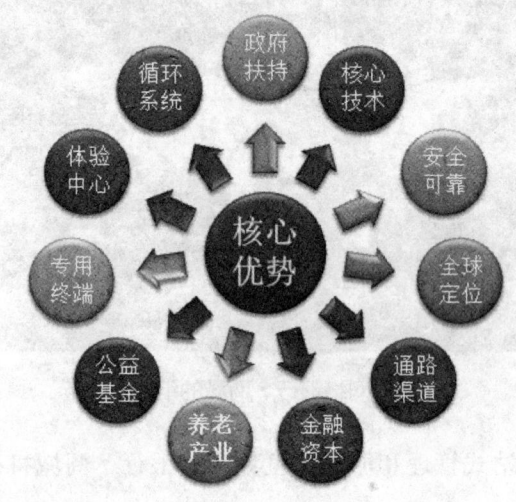

11 通过世界网络银行·商城的核心优势

世界网络银行·商城可以实现10个方面的重大作用（见图12）。信息互动：专业内部渠道专享各类咨询；资源共享：所有资源在大平台下可以任意嫁接；供求匹配：将结合市场需求提供相应的供需匹配；化静为动：对全球的物、店等固定部分进行流通；项目孵化：专业孵化团队依赖平台孵化各类项目；资本升值：保证资金换物，资本升值，避免通货膨胀资本缩水；线上购买：专业网络通道完成项目线上展示和交易；线下体验：线下体验中心满足客户的体验需求；财富裂变：新系统财富倍增模式让你财富稳定倍增；共享经济：真正实现大家共享现代经济。

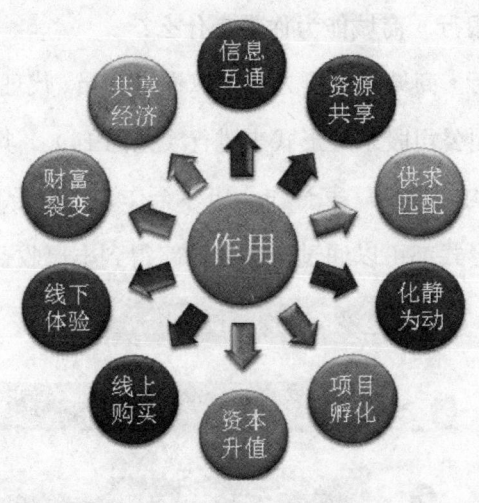

12 世界网络银行·商城的作用

通过世界网络银行·商城国内互联网和国际互联网,将真正实现"你中有我,我中有你"的共同体(见图13)。世界网络银行·商城将使世界商业形态变成"地球村",从而实现商业的制造、创新、传播、接受和融合,到那时,足不出户,可尽知天下事。

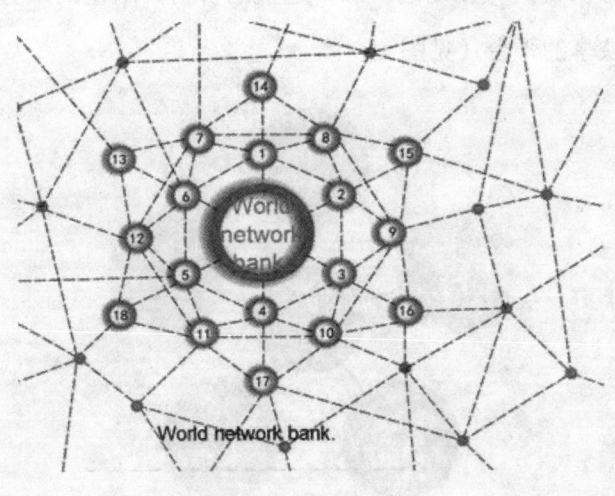

13 世界网络银行·商城网络结

## 5. 世界网络银行·商城能为你带来什么?

世界网络银行·商城的投资方式可以通过会员、代理商、分公司、股东、项目合伙人、集团公司股东等形式来进行（见图14）。其中以会员制为主，各地建立分支机构，吸纳厂家合作、店家合作、平台合作、等多种形式的合作，每种合作形式都可以通过一定的通路得到丰厚收益。

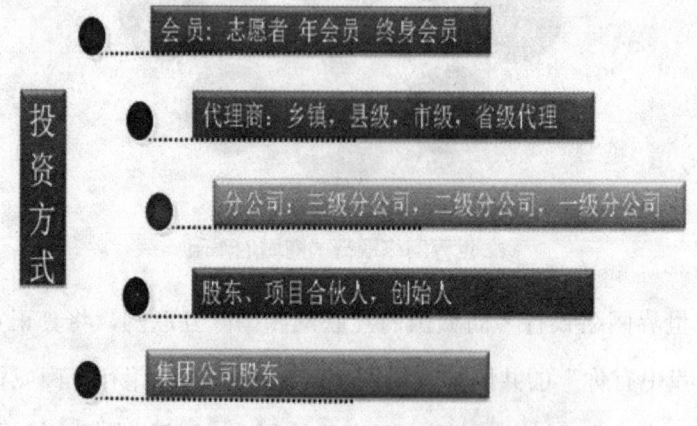

14 世界网络银行·商城的投资方式

消费者可以得到有保证的产品，超值的价格，增值的服务等，同时也将得到一个共享的平台（见图15）。

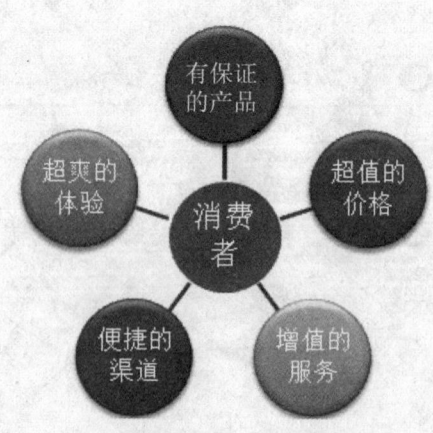

15 消费者可以得到的实惠

世界网络银行·商城还扶持企业创业。创业者可以得到最佳的创业平台，得到创业机会、创业资金等。

投资人可以实现资本的保值、增值、转化和流通（见图16）。应该说世界网络银行·商城是一个绝佳的大金融平台，将会推出很多金融产品。例如，天美仕规划3～5年内在纳斯达克上市，高位阶的市场领导人将会获得天美仕配送的股权。

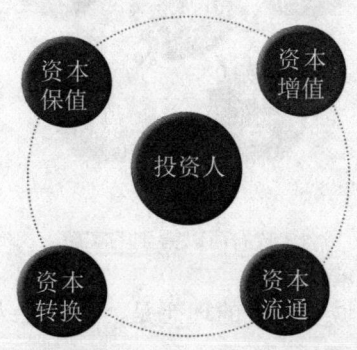

16 投资人可以得到的实惠

世界网络银行·商城可以为厂家提供产品渠道，快速消除库存，定量生产（见图17）。

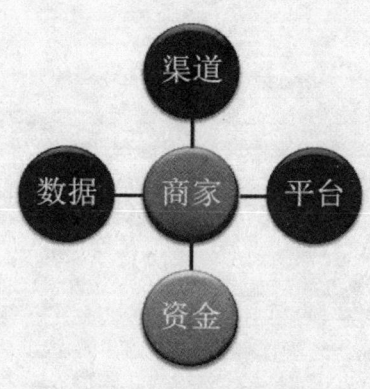

17 厂家可以得到的实惠

世界网络银行·商城可以为政府解决实际问题,新项目可以提升政府业绩(见图18)。

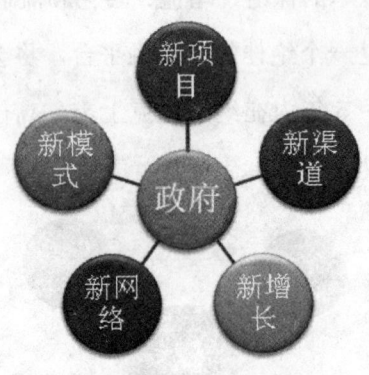

18 政府可以得到的实惠

世界网络银行·商城要实现的理想是,让一个人不仅是众多平台的消费者,更是众多平台的拥有者,从而实现一杯清茶,一个wifi,一部手机,一个APP,人在哪里,生意就在哪里,事业就在哪里。

希望分享案例有助于读者对"互联网+大金融"带来的金融革命以形象化的理解。